Komplexität bewältigen

Zwischen Handlungsdruck und spezifischen Ansätzen im Kontext von Schulpraktischen Studien

D1662098

Schriftenreihe der Bundesarbeitsgemeinschaft
Schulpraktische Studien

Band 13

Anke Schöning, Jens Winkel (Hrsg.)

Komplexität bewältigen

Zwischen Handlungsdruck und spezifischen Ansätzen im Kontext von Schulpraktischen Studien

LEIPZIGER UNIVERSITÄTSVERLAG 2020

Bibliografische Information der Deutschen Nationalbibliothek
Die Deutsche Nationalbibliothek verzeichnet diese Publikation in der
Deutschen Nationalbibliografie; detaillierte bibliografische Daten sind
im Internet über http://dnb.d-nb.de abrufbar.

Herausgeber:
i.A. des BaSS-Vorstands: Anke Schöning, Jens Winkel

© Leipziger Universitätsverlag GmbH 2020
Umschlaggestaltung und Satz: Annett Jana Berndt, Grafikdesign
Druck: docupoint GmbH, Barleben
ISBN 978-3-96023-375-6

INHALT

Editoral

Betrachtet man Entwicklungsaufgaben von werdenden Lehrkräften beim Berufseinstieg, lässt sich feststellen, dass sich zu Beginn der Berufstätigkeit personenspezifische Wahrnehmungsmuster und Beurteilungstendenzen, Routinen und Kompetenzen wie auch Grundzüge einer beruflichen Identität ausprägen. Dabei sind Gelingens- und Misslingenserfahrungen für die Ausprägung einer stabilen Lehrerpersönlichkeit und die Entwicklung eines professionellen Selbst im Laufe der Berufsbiografie und Kompetenzentwicklung wichtig. So stellen sich insbesondere in der Berufseinstiegsphase immer neue Herausforderungen, da sich die Aufgaben in Komplexität und Umfang unterscheiden und sich in ihrer Tragweite nicht erproben lassen. Zudem können sie von Zeitdruck und Verantwortungsbreite geprägt sein. Es müssen also schnell neue Verhaltensweisen erlernt, erprobt, genutzt werden (vgl. Keller-Schneider 2008). Die zentralen Belastungen und Aufgaben verändern sich nach Fuller und Bown (1975) entlang der drei Stadien *survival*, *mastery* and *routine*. Bereits Studierende machen im Rahmen von Schulpraktischen Studien erste Erfahrungen im Umgang mit schulischer Praxis und erwerben erste berufsfeldbezogene Kompetenzen. Auf eine konkrete Schulsituation bezogene Anforderungen können hier erlebt werden (vgl. Keller-Schneider 2008). Auch wenn durch die Einführung von Praxissemestern in vielen Bundesländern die Einführung in die schulpraktischen Tätigkeiten, insbesondere in das Unterrichten, explizit als Zielsetzung Schulpraktischer Studien gilt, bleiben sie als Elemente der universitären Lehrerbildung auch der Zielsetzung der theoriegeleiteten Reflexion schulpraktischer Erfahrungen verpflichtet. Mit Blick auf die Erprobung schulischer und unterrichtlicher Praxis warnt Hascher (2005) sogar vor der sogenannten *Erfahrungsfalle* je situativ erlebter schulischer Erfahrungen. Vielmehr müssten die Praxisphasen professionell vorbereitet, begleitet und nachbereitet werden. Schulpraktische Studien tragen zur Entwicklung eines professionellen Selbst bei, indem sie über das Studium hinweg unterschiedliche Zielsetzungen verfolgen, etwa Überprüfung der Berufswahl (Passe ich zum Beruf? Passt der Beruf zur mir?), Auseinandersetzung mit dem Berufsfeld Schule aus der Perspektive einer Lehrkraft, Erprobung der Rolle einer Lehrkraft in unterrichtlichen Anforderungssituationen etc. Ebenso zentral ist dabei die erste wissenschaftsbezogene, auf kritische Distanz hin gedachte Annäherung an den Lern- und Lehrort Schule. Die konzeptionellen Ansätze sehen dabei häufig gerade eine möglichst große Entlastung von Handlungsdruck zugunsten einer Gewinnung von Reflexionszeit vor. Die spezifischen Ansätze zur Praxisreflexion reichen dabei von kollegialer (Fall)Beratung, videobasiertem Feedback bis hin zum Mentoring und Coaching.

Die 40. Tagung der Bundesarbeitsgemeinschaft für Schulpraktische Studien (BaSS) am Zentrum für Lehrerinnen- und Lehrerbildung der Europa-Universität Flensburg richtete im Juni 2019 daher den Fokus auf das Thema der Bewältigung von Komplexität und der Frage, wie spezifische Ansätze im Kontext von Schulpraktischen Studien bereits auf Anforderungen des späteren Berufsfeldes und deren Bewältigung vorbereiten können. Die Berücksichtigung aktueller Themenfelder der Lehrerbildung und innovative Ausgestaltungen von Praxisformaten spielen dabei ebenso eine wichtige Rolle wie vielfältige Reflexionsformate. Der vorliegende Band versammelt die Themen aus den Vorträgen und Workshops. Dabei nähern sich die Autorinnen und Autoren auf der Grundlage unterschiedlicher Ausgangsüberlegungen und Schwerpunktsetzungen den Herausforderungen der Professionalisierung angehender Lehrkräfte sowie den Fragen zu Ursachen, Auswirkungen und Bewältigungsstrategien von Handlungsdruck. Die in den Beiträgen vorgestellten Ansätze eint das Ziel, die Komplexität der Anforderungen des (späteren) Berufsfelds für die Studierenden auf unterschiedlichen Wegen im Rahmen der Schulpraktischen Studien zugleich erfahrbar und sichtbar und mittels Reflexion bearbeitbar zu machen.

1. Mit einer Einführung in Fragen und Maßnahmen zur Bewältigung des Handlungsdrucks in Schulpraktischen Studien gibt Julia Košinár einen vertiefenden *Überblick zum Thema.* Sie erläutert berufsbiographische Professionalisierungsprozesse in Schulpraktischen Studien und hebt Entwicklungsaufgaben hervor, die sich für Studierende ergeben. Die daraus resultierenden Herausforderungen werden bei den angehenden Lehrkräften aufgrund verschiedener Professionalisierungs-Typen in unterschiedlicher Weise bewältigt. Um diese unterschiedlichen Typen jeweils gut auf die schulischen Herausforderungen vorzubereiten, werden als Folge unterschiedliche Maß-nahmen(pakete) je nach Typus vorgeschlagen. Der Fokus liegt dabei auf einer typenspezifischen Beratung und Begleitung.

2. Einen Überblick über Themen und Formate an verschiedenen Standorten eröffnen die *Einblicke in konkrete Ausgestaltungen und Umsetzungen.* Zunächst werden in vier Beiträgen *Herausforderungen in Praxisphasen entlang der Themen Bildungsteilhabe und -übergänge, Migration/DaZ und Interkultura-lität* anhand von Studien und Projektbeispielen dargelegt. Maren Reichert legt ihren Fokus dabei auf das Entstehen von Handlungsdruck, um zu begreifen, wie sich dieser gut bewältigen lässt. Belege für diesen Ansatz werden am Bei-spiel des StartTrainings an der Universität Leipzig aufgezeigt, bei dem Studie-rende Schülerinnen und Schüler freiwillig bei Bildungsübergängen unter-stützen. Das Praxisformat wird verstanden als hybrider Erfahrungsraum und herausgestellt wird die Bedeutung von Erfahrung bei der Bewältigung von Handlungsdruck. Die Herausforderung von Praxiserfahrungen im Kontext der Heterogenitätsdimension Migrationsgeschichte/DaZ-Förderbedarf be-schreibt Nadia Wahbe. Im Rahmen einer Praxisphase sollen bei Studierenden sprachsensible Kompetenzen im Kontext von Fachunterricht entwickelt und eine inklusionssensible Grundhaltung gefördert werden. Die Wirkung der Maßnahmen wird in einer Forschungs- und Entwicklungsstudie überprüft. Anschließend zeigt Astrid Krämer in ihrem Beitrag auf, wie innovative Aus-gestaltungen von Bachelor-Praxisphasen im Lehramt den Studierenden Erfah-rungen eröffnen, über die ein konkreter Transfer des universitär erworbenen Wissens in die Gesellschaft ermöglicht wird. Beispielhaft werden für das The-menfeld Bildungsteilhabe die Projekte PROMPT! und WEICHENSTELLUNG vorgestellt. Jutta Walke und Maria Meyer-Wehrmann beschreiben hingegen anhand eines Seminarkonzepts interkulturelle Diskrepanzerlebnisse, die in der Kommunikation zwischen Lehramtsstudierenden, die an einem Berufs-feldpraktikum teilnehmen, und internationalen Studierenden, die an ihrer Sprachqualifikation arbeiten, auftreten (können). Diese Erlebnisse ermög-lichen interkulturelle Erfahrungen sowie vertiefende Reflexionsanlässe und bieten zugleich sprachliche Herausforderungen. Die folgenden vier Beiträge beschäftigen sich mit der *Bedeutung von Reflexion für den Umgang mit*

Komplexität und Handlungsdruck. Gabriela Bitai fragt in ihrer Untersuchung studentischer Reflexionen über Schulpraktische Studien nach dem Erleben von Komplexität und Handlungsdruck und beschreibt in ihrem Beitrag fünf Fälle, die die individuellen Orientierungen der Studierenden rekonstruktiv beschreiben. Den Einsatz von (eignungs-)reflexiven Instrumenten beschreiben Svenja Fukuta und Sandra Wendland. Anhand der Pilotierung von neuen Instrumenten, die es den Studierenden ermöglichen sollen, sich besonders intensiv mit ihrer Eignung und Passung zum Lehrberuf auseinanderzusetzen, wird überlegt, ob und wie mittels der Instrumente überprüft werden kann, ob das komplexe Berufsfeld der Lehrkraft für Studierende eine Herausforderung oder auch eine Überforderung darstellt. Im folgenden Beitrag verstehen Tobias Lewek, Sarah Theusch und Alexander Pfeiffer ein außerschulisches Praktikum in Halle-Wittenberg als Möglichkeit zur Reflexion pädagogischer Praxis durch das Fallverstehen. Herausforderungen der Professionalisierung angehender Lehrkräfte werden anhand kasuistischer Lehrformate am Beispiel des genannten Praktikums vertiefend in den Blick genommen. Abschließend geht Anke Redecker davon aus, dass (angehende) Lehrkräfte Kompetenzen im Umgang mit Unsicherheit und Komplexität bedürfen, um versiert darüber urteilen zu können, wie und in welcher Form Handlungsdruck bewältig werden kann. Diese Kompetenzen können – so ihr Credo – in Schulpraktischen Studien vorbereitet und angebahnt werden. Die beiden letzten Beiträge des Bandes beschäftigen sich mit *hochschuldidaktischen Ansätzen und Überlegungen.* Zunächst greift Katrin Kleemann die im Überblick zum Thema aufgeworfene Frage nach den unterschiedlichen Vorstellungen zur Professionalisierung in Schulpraktischen Studien wieder auf, verschiebt die Betrachtung allerdings auf die Lehrenden in der Universität. Mittels einer Fallstudie zu Praxisanteilen im Lehramtsstudium wird anhand zweier Dozierender aufgezeigt, dass schon an einer einzelnen Universität sehr unterschiedliche Vorstellungen zur Professionalisierung die Lehre prägen. Aus diesen Überlegungen ergeben sich daher zwei Ansprüche an die praxisbegleitende Lehre. Peter Floß und Carolin Kull wenden sich abschließend dem hochschuldidaktischen Ansatz des Forschenden Lernens zu. Dieser ermögliche erst die Erkundung der Komplexität des schulischen Handlungsfelds in Schulpraktischen Studien, indem wechselseitige Theorie-Praxis-Bezüge aus Hochschule und Praktikumsschule bearbeitet werden. Dabei werden auch die unterschiedlichen Sichtweisen der Studierenden auf diesen Ansatz aufgezeigt.

Den Leserinnen und Lesern wünschen wir eine inspirierende Lektüre. Den Autorinnen und Autoren dieses Bandes gilt unser Dank.

Anke Schöning & Jens Winkel, September 2020

Literatur

Fuller, Frances/Bown, Oliver (1975): Becoming a teacher. In: Ryan, Kevin (ed.): Teacher Education (74th Yearbook of the National Society for the Study of Education), Part 2. Chicago, 25–52.

Hascher, Tina (2005): Die Erfahrungsfalle. In: journal für lehrerInnenbildung. 5 (1), 39–45.

Keller-Schneider, Manuela (2008): Herausforderungen im Berufseinstieg von Lehrpersonen. Beanspruchungswahrnehmung und Zusammenhänge mit Merkmalen der Persönlichkeit. Dissertation. Zürich. Verfügbar unter http://edudoc.ch/record/ 100291/files/ Keller-Schneider.pdf [21.09.2020].

1. Überblick zum Thema

Julia Košinár

Professionalisierung angehender Lehrpersonen – Herausforderungen und neue Erkenntnisse für die Schulpraktischen Studien

Ziel des Beitrags ist, ein Licht auf jene Phänomene in den Schulpraktischen Studien zu werfen, die für die Lehrerbildenden stets als Herausforderung spürbar, aber so schwer fassbar und veränderbar sind. Über drei Konzepte, die sich in der berufsbiographischen Professionalisierungstheorie verorten lassen, nähert sich der Beitrag einer Antwort auf die Frage an, warum mitgebrachte Bilder von Schule und Unterricht, die dann in den Praktika handlungsleitend werden, so schwer zu irritieren sind oder warum Studierende trotz formulierter Standards und Kompetenzziele so unterschiedlich mit den beruflichen Anforderungen umgehen. So verdeutlicht das Konzept des Lehrerhabitus die Bedeutung der eigenen Schulbiographie für die Ausprägung beruflicher Orientierungen, das Konzept des Erfahrungslernens die Produktivität der Krise für den Entwicklungsprozess und das Konzept der Entwicklungsaufgaben die Spezifik der Ausbildungssituation. Im zweiten Schritt wird auf der Basis von Befunden aus Interview-Längsschnittstudien aus den verschiedenen Phasen von Ausbildung und Berufseinstieg eine Phasentypologie skizziert, mithilfe derer die Vielfalt der Studierenden in Bezug auf ihren Umgang mit Anforderungen und ihre Interaktion mit ihren Ausbildenden eingeordnet werden kann. Die Modi der Einlassung und der Vermeidung werden als zentrale Differenzkategorien dargelegt. Der Beitrag überträgt die Theorie- und Empirie-gestützten Erkenntnisse auf eine individualisierte, typenorientierte Begleitung in den Schulpraktischen Studien und weist zugleich auf institutionelle Maßnahmen hin.

1. Einführung

Professionalisierungstheorien können als zentraler Referenzrahmen für die Schulpraktischen Studien angesehen werden. Der bildungswissenschaftliche Diskurs bewegt sich seit rund 15 Jahren vor allem zwischen drei Zugängen: dem strukturtheoretischen, dem kompetenzorientierten und dem berufs-biographischen Ansatz (Terhart 2011). Für die Schulpraktischen Studien ist vor allem letzterer vielversprechend und ertragreich, da er einerseits das Subjekt vor dem Hintergrund seiner Biographie und bisheriger beruflicher Erfahrungen und Kompetenzen betrachtet und andererseits zwischen Prozess-dynamiken und Stabilität zu vermitteln hilft. Gemeint sind die Dynamiken, die sich aus der Begegnung von Studierenden mit beruflichen Anforderungen im Praxisfeld ergeben. Deren Deutung und Einordnung ist jedoch in schul- und berufsbiographisch angelegte Überzeugungen und Orientierungen ein-gebettet, die stabil und nur schwer zu irritieren sind.

Für ein besseres Verständnis dieser Phänomene werden im zweiten Teil des Beitrags drei Konzepte vorgestellt, deren Deutungsmächtigkeit für die spezifischen Vorkommnisse in den Schulpraktischen Studien ausgeführt wird:
1. Das Entwicklungsaufgabenkonzept (Keller-Schneider/Hericks 2017) wird mit dem Fokus auf Anforderungen in den Praktika (Košinár/Laros 2018) dargestellt (2.1).
2. Das Konzept des Lehrerhabitus (Helsper 2018a; 2018b) wird herangezo-gen, um die Verbindung zwischen Schulbiographie und der Herausbildung beruflicher Orientierungen zu veranschaulichen (2.2).
3. Die Theorie des Erfahrungslernens nach Dewey (Combe 2015) ermöglicht, die Prozessstruktur der Deutung und Bearbeitung beruflicher Anforde-rungen nachzuzeichnen und bietet somit einen Zugang zu dem, was bisher als „black box" gilt (2.3).

Auf Grundlage dieser drei Konzepte wurde ein heuristisches Modell der Krisen- und Anforderungsbearbeitung entwickelt (Košinár 2014; 2018), das sowohl als theoretische Bezugsfigur als auch als Grundlage für die Beratung von Studierenden bzw. deren reflexive Bearbeitung von Praxiserfahrungen dienlich ist.

Im dritten Teil des Beitrags werden zur Veranschaulichung der Diversität der Studierenden im Umgang mit beruflichen Anforderungen und Erfahrungen im Praktikum empirische Befunde aus eigenen Projekten herangezogen. Aus drei Interviewstudien mit Studierenden in verschiedenen Phasen ihrer schulpraktischen Ausbildung (Košinár/Schmid/Diebold 2016; Košinár/Laros 2020) und mit Referendarinnen und Referendaren (Košinár 2014) wird eine phasenübergreifende Typologie dargelegt, die verdeutlicht, welche Orientierungen sich bei angehenden Lehrpersonen zeigen, die als habituell verankerte Grundstrukturen handlungsleitend sind, und welche ausbildungsphasenspezifischen Unterschiede sich erkennen lassen. Hieraus ergibt sich die Notwendigkeit für eine individualisierte bzw. typenangemessene Beratung und Begleitung. Wie sich diese gestalten kann bzw. worauf Lehrerbildnerinnen und Lehrerbildner achten können, ist Inhalt des letzten Teils des Beitrags.

2. Konzepte des berufsbiographischen Professionalisierungs-
ansatzes und ihre Relevanz für die Schulpraktischen Studien

2.1 Entwicklungsaufgaben in den Schulpraktischen Studien und
im Berufseinstieg – phasenspezifische Differenzen

Den Ausgangspunkt für die Einmündung des Entwicklungsaufgabenkonzepts in die Lehrerbildungsforschung bildet die Bildungsgangforschung. Diese geht – bezogen auf den Lehrerberuf – der Frage nach, „was (…) die typischen, originären Handlungsanforderungen des Lehrberufs (sind), die diesen von anderen anspruchsvollen Berufen absetzen und die Akteure zu genau dem machen, was sie sind" (Hericks 2006, 58). Es wird beleuchtet, wie „solche Handlungsanforderungen von den Lehrern subjektiv erfahren und gedeutet" werden und wie sich „Lehrer in ihrem Handeln" (ebd.) darauf einstellen. Auch wenn Bildungsbiographien individuell verlaufen, so bewegen sie sich doch in einem institutionellen Rahmen, der „durch gesellschaftliche Anforderungen" (ebd., 60), Traditionen und Normen geprägt ist. Jene Handlungsanforderungen werden konzeptionell als Entwicklungsaufgaben gefasst, die dann vom Individuum gedeutet und vor dem Hintergrund seiner Erfahrungen und verfügbarer Ressourcen bearbeitet werden. Dieser Aspekt wird im psychologischen Verständnis der subjektiven Wahrnehmung und Bearbeitung beruflicher Anforderungen (Keller-Schneider 2010) mit Bezug auf das transaktionale Stressmodell konkretisiert: Anforderungen werden als relevant oder irrelevant, als bewältigbar oder nicht bewältigbar eingeschätzt. Entsprechend fällt der Umgang mit ihnen aus, wie weiter unten ausgeführt wird (vgl. Modell, Abb. 1). Professionalisierungstheoretisch gesprochen, sind Entwicklungsaufgaben „unhintergehbar, d.h. sie müssen wahrgenommen und bearbeitet werden, wenn es zu einer Progression von Kompetenz und zur Stabilisierung von Identität kommen soll" (Hericks 2006, 60).

Für die Schulpraktischen Studien bedeutet es, dass Studierende die sich ihnen stellenden Anforderungen wahrnehmen und bearbeiten *müssen*. Damit eine *Einlassung auf berufliche Anforderungen* möglich ist, braucht es eine ausreichende Wissens- und Ressourcenbasis: WAS gilt es zu bearbeiten und zu entwickeln und WIE ist dies machbar? Aus diesem Grund ist es im Rahmen der Schulpraktischen Studien erforderlich, Formate von Praktika und ihrer Begleitung zu konzipieren, die eine Einlassung und Bearbeitung ermöglichen. Sowohl für die Studierenden als auch für die Dozierenden und die begleitenden Lehrpersonen an den Schulen setzt dies eine stabile Wissensbasis über die lehrberuflichen Aufgabenbereiche, über Professionalitätsmodelle, Entwicklungsziele im Praktikum, lehrberufliche Standards etc. voraus, die sich durchaus fach-, schulform- und stufenbezogen unterscheiden. Keller-Schneider und Hericks (2011; 2017) haben einen Kanon an Entwicklungsaufgaben für Lehrpersonen im Berufseinstieg definiert, der einen solchen Referenzrahmen anbietet. Da sich phasenspezifische Unterschiede zu Entwicklungsaufgaben in der Ausbildung erkennen lassen, wird hier eine Gegenüberstellung vorgenommen (vgl. Tab. 1). Die Überschriften kennzeichnen die Entwicklungsaufgabenbezeichnung, die darunter aufgeführten Punkte sind empirisch ermittelte Anforderungen.

Tab. 1: **Entwicklungsaufgaben im berufsphasenspezifischen Vergleich**

Entwicklungsaufgaben im Berufseinstieg (Keller-Schneider 2010; Keller-Schneider et al. 2011)	Entwicklungsaufgaben in den Schulpraktischen Studien (Košinár et al. 2018; Košinár 2020)
1. Identitätsbildende Rollenfindung Entwicklung einer beruflichen Identität: das Ausbalancieren zwischen Rolle und Person, zwischen den Antinomien des Lehrberufs, das Haushalten mit Ressourcen.	***Ein berufliches Selbstverständnis entwickeln*** Die eigene Professionalität weiterentwickeln, mitgebrachte berufsethische Überzeugungen an der Realität Schule prüfen, Ungewissheitssituationen erleben und mit ihnen umgehen, die Berufsrolle erkunden
2. Adressatenbezogene Vermittlung Vermittlungsfunktion der Lehrperson: individuelle Zugänge der Lernenden zum Lerngegenstand anbieten, Lernprozesse individualisiert begleiten, Methoden und Denkstile der Unterrichtsfächer auf die Lerngruppen abzustimmen.	**Adressatenbezogene Vermittlung** Vermittlungsfunktion der Lehrperson: individuelle Zugänge der Lernenden zum Lerngegenstand erkennen, Lernprozesse individualisiert begleiten, Methoden und Denkstile der Unterrichtsfächer auf die Lerngruppen abzustimmen.
3. Anerkennende Führung Wertschätzung und Anerkennung des Individuums, Klassenführung, Aufbaus einer produktiven Lernatmosphäre.	**Anerkennende Führung** Wertschätzung und Anerkennung des Individuums, Klassenführung, Aufbaus einer produktiven Lernatmosphäre.
4. Mitgestaltende Kooperation Erkennen und Einschätzen institutioneller Anforderungen und Rahmenbedingungen, Mitgestaltung sowie kollegiale Kooperation.	***Zusammenarbeit mit verschiedenen Akteurinnen und Akteuren*** Abstimmung mit der Praxislehrperson, Zusammenarbeit mit Tandempartner/in, erste Erfahrungen in der Zusammenarbeit mit weiterem pädagogischem Personal.
5.	***Sich in Ausbildung befinden*** Sich in einer Bewährungs- und Bewertungssituation bewegen, Unterrichten in einem fremden Klassenregelsystem unter Vorgaben der Mentor/in bzw. Praxislehrperson, Mitarbeiten in einer Klasse in einem begrenzten Zeitraum.

Mit dem obigen Vergleich lässt sich zeigen, dass es vier Entwicklungsaufgaben des Lehrerhandelns gibt, die *berufsphasenspezifisch* differieren, sich aber in ihren Kernbereichen nicht unterscheiden. Eine wesentliche Differenz liegt z.b. darin, dass sich Studierende in einem hierarchischen Verhältnis zu den Mentorinnen und Mentoren bzw. Praxislehrpersonen[1] befinden, welches eine Kooperationsbeziehung verunmöglicht, weswegen wir bei der 4. Entwicklungsaufgabe von *Zusammenarbeit* sprechen. Und es kommt eine fünfte Entwicklungsaufgabe hinzu, die ausbildungsspezifisch ist. *Sich in Ausbildung befinden* kann, wie die phasenspezifische Typologie (vgl. Kap. 3) zeigt, im Studium und im Referendariat eine dominante, handlungsleitende Orientierung bilden, die Vermeidungstendenzen gegenüber der Bearbeitung von Anforderungen befördert.

Eine Berufsphasenspezifik über Studium, Referendariat und Berufseinstieg lässt sich auch in einer Zunahme in der Wahrnehmung der Komplexität der Anforderungsbereiche feststellen. Auch konnten wir in unserer quantitativen Längsschnitt-Fragebogenuntersuchung feststellen, dass im Rahmen des Studiums v.a. die Entwicklungsaufgaben *Ein berufliches Selbstverständnis entwickeln* und *Anerkennende Führung* bearbeitet werden, während die Entwicklungsaufgabe *Adressatenbezogene Vermittlung* als anspruchsvoll eingeordnet und auf später verschoben wird (Košinár/Billich-Knapp 2016). Für den Berufseinstieg konnte Hericks (2006) zeigen, dass die vier Entwicklungsaufgaben dort ebenfalls unterschiedlich priorisiert werden. So richtet sich der Blick im frühen Berufseinstieg eher auf die eigene Person und den Erhalt eigener Ressourcen (*Rollenfindung*) und auf das „Überleben im Klassenzimmer" (ebd., 423). Die Schülerinnen und Schüler als „Adressaten fachlicher Lernprozesse" kommen erst dann stärker ins Bewusstsein, wenn die Planungs- und Gestaltungskompetenzen (*Vermittlung*) grundlegend vorhanden sind und nun auch Fragen der individuellen *Anerkennung* ins Blickfeld geraten können. Die Mitgestaltung institutioneller Prozesse als Entwicklungsaufgabe (*Mitgestaltende*

---

1 Aufgrund der Begriffsvielfalt wird im Folgenden der Begriff Praxislehrpersonen für jene Lehrpersonen, die Studierenden in ihren Klassen oder Fächern begleiten, verwendet.

Kooperation) wird erst dann relevant, wenn „das Binnenverhältnis selbst
bereits zu einem gewissen Grad subjektiv tragfähig ausgebildet ist" (ebd., 424).
Kenntnisse über Entwicklungsaufgaben bzw. über die darunter liegende Ebene
beruflicher Anforderungen und deren ausbildungs- und berufsphasenspezifi-
sche Differenzen sind hilfreich für die Ausformulierung von Zielsetzungen
und Standards in den Schulpraktischen Studien im Studienverlauf. Sie bieten
zudem einen theoretischen Rahmen und Begrifflichkeiten an, die den verschiedenen Akteuren zur Verständigung dienen.

2.2 Das Konzept des Lehrerhabitus

Im aktuellen bildungswissenschaftlichen Diskurs erfährt das Lehrerhabitus-
Konzept, und damit das Habitus-Konzept von Bourdieu, große Aufmerk-
samkeit. Während der primäre *Herkunftshabitus,* in dem „Orientierungen und
kulturelle Praxen […], wie sie im familiären Kontext gelebt werden" integriert
sind (Helsper, 2018a, 120), die habituelle Grundstruktur eines Menschen
bildet, bilden *Lehrerhabitus und Schülerhabitus* jeweils feldspezifische *Teil-
habitus.* Wie Helsper in seinem theoretischen Modell der Genese des Lehrerhabitus verdeutlicht, wird dieser bereits als *Schattenriss* im während der Schul-
zeit ausgebildeten Schülerhabitus angelegt. Schulbezogene Orientierungen,
wie auch „Bilder von und Haltungen gegenüber Lehrkräften" (ebd., 125)
setzen jene positiven und negativen Gegenhorizonte, die später in der eigenen
Lehrpersonentätigkeit handlungsleitend werden. Der Lehrerhabitus ist als
„Ausdruck der Orientierungen der fachlichen und pädagogischen Praxen der
jeweiligen Lehrertätigkeit" (ebd., 123) zu verstehen, der über die berufsbiogra-
fischen Phasen Studium, Referendariat und Berufseinstieg in einer konkreten
Schulkultur herausgebildet wird. Diese Orientierungen sind zumeist implizit,
d.h. sie sind (angehenden) Lehrpersonen nicht einfach kommunikativ und
reflexiv zugänglich. Hierin drückt sich die Notwendigkeit aus, nach (hochschuldidaktischen) Wegen zu suchen, den eigenen Schüler- und Lehrerhabitus
zu erkennen und in seiner Wirkungsmächtigkeit zu beleuchten. Dies ist, nach
Helsper, ein wesentliches Merkmal für Professionalität:

„Professionalität würde damit implizieren, dass ein explizites Reflexionswissen vorliegt und der Schülerhabitus mit seinen grundlegenden Orientierungen und Praxen reflexiv zugänglich gemacht werden kann. Dadurch würde der Status des Schülerhabitus, der man war und noch ist, in den Status eines Habitus überführt, den man hat und zu dem man sich relational in Beziehung setzen kann. Damit ist bereits angedeutet, dass der Prozess der Professionalisierung nicht als habitueller Einsozialisations- sondern als transformatorischer Bildungsprozess zu konzipieren ist, der als Auseinandersetzung mit impliziten habituellen Orientierungen verstanden werden kann." (Helsper 2018b, 36).

Helsper unterscheidet in Folge dessen zwischen einem *professionellen* und einem *beruflichen* Habitus. Während der berufliche Habitus im Zuge der Erkundung und Erfahrungen im Praxisfeld durchaus die lehrberuflichen Anforderungen bewältigen kann, man also von einem Prozess der Einsozialisierung ins berufliche Feld sprechen kann, verfügt der professionelle Habitus über einen kritisch-reflexiven Zugang zu den eigenen schulbiographisch erworbenen beruflichen Orientierungen und deren Bedeutung für das eigene Handeln und seine Haltungen, z.b. zum Schülerlernen, zum Umgang mit der Vielfalt der Schülerinnen und Schülern, mit den antinomischen Strukturen des Lehrberufs etc.

Lehrerbildung und insbesondere die Schulpraktischen Studien bilden jenen Raum, in dem eine Distanznahme zu den eigenen Bildern von Schule und Unterricht, von Lehrpersonen und von Schülerinnen und Schülern angemessen gestaltet und systematisch im Ausbildungsverlauf angeboten werden kann. In zum Praktikum parallelen Begleitseminaren kann die zeitnahe Kopplung von Agieren im Realitätsraum Schule und Entscheiden unter Handlungsdruck einerseits und dem Analysieren und Einordnen der Erfahrungen in Distanznahme andererseits vollzogen werden. Das Lehrerhabituskonzept bietet eine theoretische Begründung dafür an, warum berufliche Haltungen und pädagogische Orientierungen von Studierenden stabil und so schwer zu irritieren sind. In der frühen Anlage – sowohl familiär, was den Bildungsbezug betrifft, als auch durch die eigene Schulbiographie – ergeben sich für die Schulpraktischen Studien Ansätze dafür, dass selbstreflexive Zugänge (schul-) biographisch ausgerichtet sein müssen (Košinár 2018; 2019).

2.3 Theorie des Erfahrungslernens: Einblick in die Prozessstruktur der Anforderungsbearbeitung

Neben der in 2.1 dargelegten notwendigen Wissensbasis über Professionalitätsmodelle, in denen lehrberufliche Entwicklungsaufgaben und Standards definiert werden, wird eine Einlassung auf die Bearbeitung von Anforderungen durch ein Wissen um Prozessverläufe professioneller Entwicklung sowie durch ausreichende Ressourcen begünstigt. Im Folgenden wird an einem heuristischen Modell dargestellt, welche Prozesse bei der Bearbeitung einer herausfordernden beruflichen Situation ablaufen. Herangezogen wird für die Annäherung die Theorie des Erfahrungslernens von Dewey. Die abgebildete Prozessgestalt wurde zunächst im Rahmen von Unterrichts- und Schulentwicklungsprozessen erkennbar (Combe 2010; 2015) und in meiner Referendariats-Studie (Košinár 2014) an Fallbeispielen bestätigt. Auch hier bilden, wie Abb. 1 darlegt, die beruflichen Anforderungen den Ausgangspunkt.

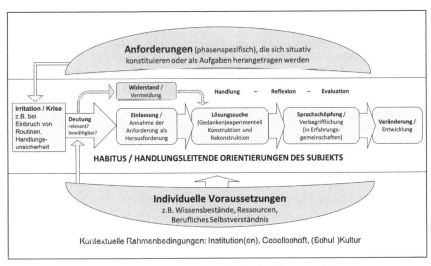

Abb. 1: Modell der (professionellen) Entwicklung durch das Lösen von Krisen (vgl. Košinár 2018)

Diese konstituieren sich situativ oder werden als Aufgaben, z.B. durch Praxislehrpersonen, an die Studierenden herangetragen. Gemäß Combe (2015) sind *Irritationen und Krisen* – i. S. des Einbruchs von Routinen und Handlungsunsicherheiten – der notwendige Impuls für mögliche Veränderungen und Entwicklungen. Gemeint sind Veränderungen, die sich durchaus auch auf der habituellen Ebene, in Form von Einstellungen und Handlungsorientierungen, bewegen können. Anforderungen im schulischen Alltag können solche Irritationen auslösen und krisenhafte Erfahrungen bereithalten, wenn diese für den Akteur bzw. die Akteurin nicht unmittelbar lösbar sind. Wie im Modell abgebildet, entscheidet die subjektive *Deutung* einer Anforderung darüber, ob eine Bearbeitung der Anforderung stattfindet oder nicht. Die Deutung vollzieht sich entlang der beiden Parameter *Relevanz* und *Bewältigbarkeit*, also: Ist die Anforderung für mich relevant oder irrelevant? Ist sie bewältigbar oder nicht bewältigbar? Eine Einschätzung erfolgt auf der Basis der *individuellen Voraussetzungen* (z.B. Ressourcen, Kompetenzen, Persönlichkeit) sowie der kontextuellen Rahmenbedingungen (Unterstützung durch Praxislehrperson, Seminarleitung, Peers). Diese Einschätzung ist demnach höchst individuell und biographisch geprägt.

Nach Combe (2010) kann es zum *Widerstand* und damit zum Verharren in der Krise kommen, wenn die Ressourcen als nicht ausreichend eingeschätzt werden oder aber, wenn die Bewältigung der unterrichtlichen Anforderung als irrelevant gedeutet wird. Hier findet keine Bearbeitung statt. Kommt es aber zu einer Einlassung auf die Anforderung und die Bearbeitung der Erfahrungskrise, erfolgt nach Combe eine *Lösungssuche*. Diese kann sich gedankenexperimentell oder als reales Ausprobieren von Handlungsalternativen vollziehen. Im „rückgreifenden Vorgriff" (ebd.) rekurriert der Akteur bzw. die Akteurin auf vorhergegangene Erfahrungen und antizipiert mögliche zukünftige Verläufe. Dabei werden fachdidaktische und bildungswissenschaftliche Wissensbestände für die Analyse der Situation und für die Entwicklung von Handlungsalternativen herangezogen. Wesentlich für einen Veränderungsprozess, der nachhaltig wirksam wird, ist die *Sprachschöpfung*. Gemeint ist sowohl die gedankliche, (selbst-)reflexive Versprachlichung der Erfahrung als auch der Austausch in *Erfahrungsgemeinschaften* (z.B. im Seminar, im Coplanning). Ohne die Versprachlichung des Prozessverlaufs, der Handlungsbemühungen und einer Evaluation (z.B. als Erfahrungsbericht im Portfolio) bleibt die reflexive Verarbeitung der Erfahrung aus. In dem Fall könnte nicht von einer professionellen Entwicklung (vgl. Helsper 2018) ausgegangen werden, wenngleich durchaus das Handlungs- und Erfahrungsrepertoire erweitert sein kann.

Nachdem die theoretischen Grundlagen ausgeführt wurden, die aus meiner Sicht für die Schulpraktischen Studien aus professionalisierungstheoretischer Sicht hoch relevant sind, werden im Folgenden empirische Befunde beigezogen. Hierfür greife ich auf ausgewählte eigene Forschungsergebnisse zurück, die die in Kap. 4 dargelegten Maßnahmen nachvollziehbar machen.

3. Ausbildungsphasenübergreifende Typologie und Schlussfolgerungen für die Schulpraktischen Studien

Die Grundlage für die dargelegten Befunde aus unseren Forschungen bilden Interviews mit Studierenden in den Schulpraktischen Studien bzw. mit Referendarinnen und Referendaren und denselben Befragten in ihrem Berufseinstieg. Bisher liegen im Bereich Schulpraktischer Studien nur wenige Längsschnittstudien vor und diese bilden zumeist Selbstauskünfte angehender Lehrpersonen ab. Mit der Rekonstruktion von Orientierungen mittels der Dokumentarischen Methode (Bohnsack 2014) ist es möglich, implizite, also habituelle Sinnstrukturen zu analysieren und darüber an die Bedeutungen, die das Praktikum und die daran beteiligten Akteure für die Studierenden haben, heranzukommen. Es wird der sogenannte Orientierungsrahmen rekonstruiert, der hier auf bestimmte Handlungsprobleme bezogen ist, wie z.B. den Umgang mit einer krisenhaften Erfahrung im Praktikum, die Lösung einer konflikthaften Beziehung mit der Praxislehrperson, die Gestaltung eines differenzierten Fachunterrichts etc.. Die folgenden Erkenntnisse wurden aus drei Projekten in zwei Ländern und Ausbildungssystemen generiert, erweisen sich aber durchaus als anschlussfähig für beide Systeme:

1. Das SNF-geförderte Projekt *Professionalisierungsprozesse angehender Primarlehrpersonen im Kontext Berufspraktischer Studien* (PH FHNW 2017–2020) befragt Schweizer Studierende an drei Erhebungszeitpunkten (Anfang, Mitte und Ende Studium, N = 23). Untersucht werden

ihre Orientierungen bezogen auf a. die Bedeutung der Praktika, b. ihren Umgang mit Anforderungen, c. die Adressierung der Praxislehrperson und d. die Rolle der Tandempartnerinnen und -partner. Den Kontext der Untersuchung bildet die einphasige Lehrerausbildung in der Schweiz. Studierende absolvieren ein Bachelorstudium und münden anschließend in den Berufseinstieg ein. Während ihres zweiten Studienjahres sind sie an 5 Blockwochen und regelmäßig an 1.5 Tagen in einer Partnerschule. Bisher ausgewertet wurden die Zeitpunkte t1 (Ende 1. Studienjahr) und t2 (Ende des Partnerschuljahres).

2. Die rekonstruktive Interview-Längsschnittstudie *Anforderungen Studierender in den Berufspraktischen Studien und im Berufseinstieg* (PH FHNW 2014–2017) gibt Einblick in die Orientierungen Schweizer Studierender zum Ende des Studiums (N = 14) und Ausblick auf Entwicklungen im Berufseinstieg (N = 12). Sie schließt also an die obigen Zeiträume an.

3. Im Kontext der der zweiphasigen Ausbildung in Deutschland entstand eine Studie mit Referendareninnen und Referendaren (Košinár 2014). Hier wurden die Interviews an vier Erhebungszeitpunkten während des Referendariats (N = 8) sowie nach 2.5 Jahren im Beruf (N = 6) geführt. Es wurden die Orientierungen der Referendarinnen und Referendare bezogen auf a. ihre *Passung* (mit dem Beruf, den Ausbildenden, der Schulkultur etc.) und b. ihr *Professionalisierungsverständnis* rekonstruiert.

Durch die kleinen Fallzahlen, bzw. die Panelmortalität bietet sich eine Sekundäranalyse der drei Studien an. Es würde sich darüber hinaus lohnen, eine Längsschnittstudie von Studienbeginn bis Berufseinstieg in Deutschland mit einer größeren Fallzahl durchzuführen. Mithilfe der vorliegenden Studien wurden mögliche Veränderungen der Orientierungen bzw. Transformationen in einzelnen Dimensionen geprüft. Grundlegende Erkenntnis hieraus ist die hohe Stabilität der Orientierungen, das Ausbleiben von fundamentalen, den gesamten Habitus umfassenden Transformationen (Košinár & Laros 2020, Košinár 2019). Diese Stabilität beruflicher Orientierungen wird auch in Untersuchungen der Marburger Forschungsgruppe bestätigt, die Berufseinsteigende vom Ende des Referendariats bis in die mehrjährige Berufstätigkeit beforscht (Hericks/Rauschenberg/Sotzek/Wittek/Keller-Schneider 2018).

Erkennbare Veränderungen bei den Teilnehmenden in unseren Projekten lassen sich eher begründen mit

- einer gestiegenen Sicherheit in Bezug auf die Bewältigung der beruflichen Anforderungen im Bereich Klassenführung und der eigenen Rollenfindung,
- dem Ankommen in der Schulklasse und den Gepflogenheiten der Schule,
- einer größeren Klarheit bzgl. der Prüfungsanforderungen und Erwartungen im Referendariat sowie
- dem Verlassen des Bewertungsraumes der Ausbildung im Berufseinstieg (vgl. 2.1, Entwicklungsaufgabe 5). Letzteres führt z.B. zu einer aktiven Haltung, die eine passive Erwartungshaltung ablöst oder zu mehr Autonomie und Realisierung eigener Vorstellungen, was vormals erkennbare Anpassungsbemühungen ersetzt.

Trotz der wenigen Wandlungen, die auf substanzielle Veränderungen und Prozesse hinweisen würden, erscheint es lohnenswert, die Typen, die in den verschiedenen Studien rekonstruiert wurden, phasenspezifisch zu sortieren, um hierüber Erkenntnisse für die Ausbildung in den Schulpraktischen Studien zu gewinnen. Die folgende Systematisierung ist hierbei als erster Versuch der Ordnung zu verstehen, was dadurch erschwert wurde, dass die Foki der Projekte teilweise differieren. Ausgehend davon, dass sich in den rekonstruierten Orientierungen habituelle Strukturen ablesen lassen, die vermutlich nicht nur in der pädagogischen Praxis bzw. in den Schulpraktischen Studien handlungsleitend sind, erscheint das Vorgehen durchaus legitim.

Im Folgenden wird eine Übersicht über die Benennungen von Typen dargelegt, die sich über die rekonstruierten Orientierungen in den oben aufgeführten Dimensionen ableiten. Werden zwei Begriffe aufgeführt, so sind dies unterschiedliche Benennungen, die den Kontexten Studium bzw. Referendariat und Berufseinstieg entstammen. Hier handelt es sich um denselben Strukturtypus, der aber im jeweiligen Kontext eine andere Konnotation und daher eine neue Bezeichnung erfährt.

Abb. 2: Professionalisierungs-Typen im Phasenverlauf

Wie in Abb. 2 erkennbar, lassen sich ausbildungsspezifische Typen ausmachen, die nur im Studium bzw. Studium und Referendariat vorkommen.

- Der *Erkundungstyp* tritt vor allem in den frühen Praxisphasen auf. Seine zentrale Orientierung ist es *berufliche Erfahrungen zu sammeln*, ohne hierbei schon in eine Verantwortungsposition einzutreten. *Mitmachen, Mitbekommen* sind zentrale Begriffe, die sich in den Erzählungen in den Interviews finden.

- Zwei weitere Typen (Vermeidung und Bewährung) sind ebenfalls typisch für die Schulpraktischen Studien. Bei beiden findet sich eine Fokussierung auf die Erwartungen und Vorgaben der Ausbildenden, insb. der Praxislehrpersonen. In beiden Typen zeigt sich eine hohe Unsicherheit bezüglich der eigenen Eignung für den Beruf. Beim *Vermeidungstyp* (aus Überforderung und Unsicherheit) finden wir jedoch keine Einlassung auf die beruflichen Anforderungen, da diese als *nicht bewältigbar* (vgl. Theoriemodell Abb. 1) eingeschätzt werden. Hingegen greift der *Bewährungstyp* auf die Unterstützungsangebote der Ausbildenden zurück, holt sich Feedback ein und bemüht sich um eine erwartungsgerechte Lösung der Situation. Hierüber gelingt es ihm, mehr Sicherheit und Selbstwirksamkeit zu entwickeln. Beide Typen finden sich auch unter den Referendarinnen und Referendaren, wobei hier dann aus der Bewährung aufgrund des empfundenen Bewertungsdrucks die Tendenz zur *Fremderwartungszentrierung* stärker hervortritt. Eine Tendenz, die wir im Berufseinstieg bei einigen Fällen auch als *Anpassung* (an berufliche Normen) wiederfinden.

- Wie das Phasenverlaufsmodell erkennen lässt, ist der *Entwicklungstyp* in allen Phasen vertreten. Der Modus der Einlassung, die Bereitschaft, sich den sich konstituierenden Anforderungen und Krisen zu stellen, ist die zentrale Orientierung, die in allen Phasen handlungsleitend wird – mal mit dem Ziel der *Selbstvervollkommnung* (Typ Entwicklung zur Realisierung von Idealen) oder des *Kompetenzaufbaus* (Typ Erweiterung). Wie unsere Längsschnittanalysen zeigen, findet sich eine hohe Stabilität dieser Orientierung von Ausbildungsbeginn bis in den Berufseinstieg bei den meisten Fällen der beiden Entwicklungstypen.

- Typen, die sich erst im späteren Verlauf des Studiums bzw. Referendariat zeigen, kennzeichnet eine Form der Verhandlung der institutionellen Gegebenheiten, die auf mehr Selbstsicherheit im Umgang mit Vorgaben und Regeln verweist. Typ *Vermeidung* (Strategie) versucht das Bewertungssystem zu unterwandern, indem er mit analytischer Präzision die Erwartungen der einzelnen Ausbildenden erkundet, um anschließend diese zu bedienen. Beispiel Louisa Fritz: *„Also ich denke immer so, ja, komm, gib ihm, was er sehen will."*

- Der Typus *Selbstverwirklichung* (im Studium), bzw. *Gestaltung* (im Berufseinstieg) folgt der Orientierung, die eigenen Ideen autonom zu realisieren. Hier stehen nicht die gute Note oder der positive Eindruck im Vordergrund wie beim Typ Vermeidung, sondern die Umsetzung der eigenen Überzeugungen davon, wie Schule und Unterricht zu sein haben. Dabei wird zumeist ein didaktisches Modell oder ein Themengebiet präferiert. Studierende des Selbstverwirklichungstypus adressieren die Praxislehrperson als *Ermöglichende*. Verhindert diese jedoch die Umsetzung eigener Ideen, wird ein Machtkampf ausgefochten.

Unsere noch ausstehenden weiteren Analysen werden zeigen, inwiefern sich der Selbstverwirklichungstyp aus dem Entwicklungstyp heraus im späteren Zeitpunkt des Studiums entwickeln kann. Ferner haben wir festgestellt, dass sich der *Bewährungstyp* nicht mehr im Berufseinstieg findet (Košinár & Laros

2020). Die Fälle münden entweder in den Entwicklungstyp (Bewältigung) oder in den Anpassungstyp ein. Dies ist erneut ein Hinweis darauf, dass die Ausbildungs- und Bewährungssituation bei einigen Studierenden einen Einfluss hat, der ihre Entwicklungsorientierung tangiert.

4. Theorie- und empiriebasierte Maßnahmen für die Schulpraktischen Studien

Die obigen Analysen und Erkenntnisse konnten verdeutlichen, dass uns Studierende in einer großen Heterogenität gegenübertreten. Und dies nicht nur mit Blick auf ihre Vorkenntnisse, Fähigkeiten und Wissensbestände, sondern auch bezüglich ihrer Orientierungen bezogen auf a) das Praktikum und ihr Professionalisierungsverständnis und b) ihr Bild von Schule, wie es in ihrem Schülerhabitus angelegt ist. Hieraus ergibt sich ein jeweils unterschiedlicher Entwicklungsbedarf der angehenden Lehrpersonen und, daran anschließend, eine divergierende Form von Beratung und Begleitung durch die Ausbildenden. Diese wiederum müssen ihr eigenes Rollenverständnis hinterfragen und sich möglicher Spannungsfelder zwischen ihrer Ausbildungsorientierung und jener der Studierenden bewusst sein (Košinár/Schmid 2017). Erschwerend kommt hinzu, dass sich die impliziten Sinnstrukturen und Deutungsmuster der Studierenden nicht unmittelbar erschliessen.

Es lassen sich bei aller Diversität zwischen den oben vorgestellten Typen zwei grundlegende Modi ausmachen, die sich über alle Ausbildungsphasen und Kontexte hinweg zeigen:
1. Die *Einlassung* auf berufliche und ausbildungsbedingte Anforderungen und deren Bearbeitung.
2. Die *Vermeidung* von krisenhaften Erfahrungen und die Lösung von Anforderungen aus pragmatischen, nicht aber aus professionalisierungsbezogenen Gründen.

Das Wissen um diese beiden Modi, an die sich verschiedene Typen anschließen, sowie das Wissen um die Tragweite, die biographische Erfahrungen im Bildungssystem für die Ausbildung des Lehrerhabitus haben, weist auf notwendige Maßnahmen in den Schulpraktischen Studien hin.

Auf konzeptueller Ebene sind dies

- die Einführung biographischer Reflexionsübungen, die einen selbstreflexiven Zugang zu den eigenen Bildern und Überzeugungen ermöglichen (Košinár 2019).
- die Etablierung einer Fehlerkultur, bei der die Krise als Entwicklungschance positiv gedeutet wird.
- die Entwicklung einer für die Schulpraktischen Studien adäquaten Hochschuldidaktik, die die Distanznahme zum eigenen Handeln und die Analyse schulischer Situationen befördert (z.B. Kasuistik, Videoanalyse).

Auf institutioneller Ebene sind dies

- die Förderung des Austausches zwischen den Institutionen bezüglich Ausbildungsverständnis, Zielperspektiven, Erwartungen und Formen der Begleitung Studierender.
- Fortbildungen der an der Ausbildung Beteiligten, insbesondere der Praxislehrpersonen an den Schulen in Bezug auf ihr Rollen- und Ausbildungsverständnis und die Beratung Studierender.

Im Folgenden wird ausgeführt, welche Schritte zu einer Identifizierung der Typenzuordnung Studierender hilfreich sind (4.1) und welche deutlichen Differenzierungsmerkmale sich in Bezug auf den Umgang mit Anforderungen und Erfahrungskrisen empirisch identifizieren lassen (4.2). Im dritten Schritt wird dargelegt, woran sich die typenangemessene Beratung und Begleitung Studierender ausrichten kann (4.3).

4.1 Identifizierung von Typen der Anforderungsdeutung und -bearbeitung

Wie bereits erwähnt, kann die Grundbereitschaft zur Einlassung bzw. die Tendenz der Vermeidung als Indikator beigezogen werden, der jedoch schwer zu bestimmen ist, da er auf der impliziten Ebene – also nicht auf der reflexiven Ebene der Studierenden liegt. Selbstreflexive Zugänge, wie z.b. Selbsteinschätzungsbögen sind daher wenig ertragreich, denn es lässt sich schwerlich vorstellen, dass Studierende sich selbst als Vermeidungstyp identifizieren (wollen). Es stellt sich daher die Frage, welche Form der Diagnostik Dozierende oder Praxislehrpersonen anlegen können. Aus einem Brainstorming von Moderierenden an Partnerschulen der PH Nordwestschweiz wurden Erkenntnisse zusammengestellt, worin sich die Studierenden, die von den Dozierenden zwei Jahre lang begleitet werden, unterscheiden. Erstere Merkmale sind ein Hinweis auf Einlassung, letztere auf Distanzierungs- bzw. Vermeidungstendenzen.

1. Kritikfähigkeit (bis hin zu Selbstvorwürfen) vs. Zurückweisung von Kritik, Tendenz der Externalisierung (bis hin zur Anschuldigung der Ausbildenden).
2. Reflexionsfähigkeit, Bereitschaft sich selbst, eigene Einstellungen und Handlungen zu hinterfragen vs. Hervorbringen von Argumentationen für Abläufe und aufgetretene Schwierigkeiten mit der Tendenz der Externalisierung.
3. Deskription und vorsichtige Interpretation von Beobachtungen vs. schnelle Deutungen und (oftmals negative) Bewertungen von Schülerinnen und Schülern sowie Lehrpersonen.

Körperliche, verbale und schriftliche Formen, über die sich studentische Einstellungen und Orientierungen besonders deutlich abbilden:

4. Körpersprachliche Merkmale bzgl. Interaktion und Beziehungsgestaltung mit den Schülerinnen und Schülern, Begrüßungsform und Rituale.
5. Schriftliches Klassenführungskonzepts: Einblick in Führungsstil, Bilder von der eigenen Rolle, aber auch in Bedürfnisse der Studierenden

und ihren Umgang mit den Dynamiken in einer Klasse (z.B. Spontaneität, Flexibilität und Offenheit oder mehr Sicherheit, Kontrolle, Regeln).

6. Tandemberatung (zwei oder mehr Studierende): Perspektivenwechsel bzw. Hinzuziehen von Perspektivenvielfalt. Dasselbe gilt auch für eine Unterrichtsbesprechung gemeinsam mit der Praxislehrperson.

7. Erfahrungs- und Reflexionsberichte: Begrifflichkeiten, bzw. die Form der Darstellung von Schülerinnen und Schülern, Eltern, besonderen Vorkommnissen.

8. Sprechen über das Lernen von Kindern, über deren Bedürfnisse: Spiegel ihres eigenen Lern- und Professionalisierungsverständnisses (welche Unterstützung sie sich selbst wünschen).

4.2 Differenzierungsmerkmale in Bezug auf den Umgang mit Anforderungen und Erfahrungskrisen

Die folgenden Unterscheidungsmerkmale in Bezug auf den Umgang mit Krisen und herausfordernden Anforderungen wurden empirisch mithilfe von Fallanalysen ausgearbeitet (vgl. Košinár 2014) und über die letzten fünf Jahre mit immer mehr Fallbeispielen angereichert. Hierüber ergibt sich eine Unterscheidung von drei Grundtypen: 1. Entwicklung, 2. Vermeidung, 3. Bewährung. Letzterer Typus hat grundsätzlich die Tendenz zur Einlassung auf die beruflichen Anforderungen, benötigt aber weitaus mehr Unterstützung durch die Ausbildenden als der Entwicklungstypus. Die folgende Gliederung entspricht der Prozessstruktur des heuristischen Modells (Abb. 1). Die Ausführungen soll Lehrerbildnerinnen und Lehrerbildnern bei der Identifizierung der Orientierungen ihrer Studierenden unterstützen.

Tab. 2: Typenspezifischer Umgang mit einer Erfahrungskrise

Typen-spezifischer Umgang mit einer Erfah-rungskrise	Typ Entwicklung	Typ Vermeidung Zwei Untertypen: a. Strategisches Vermeidungs-verhalten b. Reduktion von Überforderung	Typ Bewährung
1. Irritation/ Krise	Erkennt das Problem, kann es benennen	Erkennt das Problem, kann es benennen, a. möchte es aber lieber verbergen, externalisiert b. fühlt sich gestresst	Erkennt das Problem, kann es aber nicht einordnen oder präzisieren
2. Deutung der Anforde-rung als a. relevant?	Sieht darin eine Notwen-digkeit und Chance für die eigene professionelle Ent-wicklung	a. Relativiert das Problem als irrelevant b. Versucht zu priorisieren und auf später zu verschieben	Sieht darin eine Mög-lichkeit für die eigene berufliche Entwick-lung/Sicherwerdung
b. bewältig-bar?	Sieht ausreichende Res-sourcen oder Möglichkei-ten diese zu generieren (z.B. über die Hilfe der Ausbildenden)	Nimmt nur Anforderungen an, die nach eigener Ressourcen-einschätzung bewältigbar sind. Fokussiert sich auf techni-sche/methodisch-didaktische Anforderungen	Sieht keine ausrei-chenden Ressourcen, erhofft sich bzw. sucht sich Unterstützung
3. Wider-stand oder Lösungs-suche	Begibt sich auf eine Lösungssuche, hat ver-schiedene Strategien zur Verfügung, handelt teilweise innovativ und experimentell	a. Durch Relativierung bzw. Externalisierung des Problems wird eine Bearbeitung unnötig b. Durch Überlastung wird eine Bearbeitung auf später verschoben	Möchte sich auf die Lösungssuche bege-ben, hat aber keine konkreten Strategien oder Handlungswege zu Hand
4. Handlung	Probiert Gesehenes oder Gelesenes aus, zumeist gut vorbereitet und ziel-gerichtet	Fokussiert auf Bewährtes, versucht diverse Methoden aus, die Erfolg bei den SuS oder den Ausbildenden ver-sprechen	Macht nach, was die Ausbildenden vor-geben, probiert wenig zielgerichtet aus
5. Evalua-tion/ Refle-xion	Analysiert und reflektiert die neue Handlung vor dem Hintergrund früherer Erfahrungen, oft unter Ein-bezug von Konzepten / Theorien	a. Geht in die Selbstver-gewisserung durch die Bestätigung dessen, was funktioniert hat b. Verzweifelt (heimlich), wenn es wieder nicht klappt	Versucht zu erfassen, was gelungen/nicht gelungen ist und die jeweiligen Ursachen dafür zu erkennen. Hat Probleme diese zu bestimmen

Typen-spezifischer Umgang mit einer Erfahrungskrise	Typ Entwicklung	Typ Vermeidung	Typ Bewährung
		Zwei Untertypen: a. Strategisches Vermeidungs-verhalten b. Reduktion von Überforderung	
6. Austausch in Erfahrungsgemein-schaften	Teilt sich mit, sucht den Austausch mit peers, aber v.a. mit Fachexperten/innen und Ausbildenden, um von ihnen zu lernen	a. Braucht keine Beratung (wäre ein Eingeständnis von Defiziten) b. Schämt sich, wenn wieder etwas nicht geklappt hat ⇨ Bewertungsangst; Unter peers werden Tipps ausgetauscht	Sucht den Austausch, orientiert sich v.a. an Fachexperten/innen und Ausbildenden, um von ihnen zu lernen. Ist dabei sehr abhängig von deren Art der Beratung/Begleitung (Nicht-Passungs-problematik!)
7. Veränderung	Kann Veränderungen benennen und auf konkrete Maßnahmen zurückführen, ordnet diese in den eigenen Professionalisierungsprozess ein	a. Bestätigt sich die eigene Wirksamkeit und Eignung für den Beruf b. Ist erleichtert, wenn sich Veränderungen einstellen.	Kann Veränderungen erkennen, aber nur schwer in ihrer Relevanz und Qualität einschätzen und nur bedingt im eigenen Professionalisierungsprozess einordnen.

4.3 Ausgewählte Methoden und Verfahren einer typenspezifischen Beratung und Begleitung

Der typenspezifische Umgang mit Erfahrungskrisen und die Differenzen in der Anforderungsbearbeitung haben verdeutlicht, dass es sinnvoll für den Entwicklungsprozess der Studierenden ist, typenangemessen zu beraten und zu begleiten. Hierfür kann es kein schlichtes Typen-Beratungskonzept geben, aber die folgenden Hinweise und Maßnahmen sollen als Anregungen dienen, die in die bewährte Beratungspraxis eingebettet werden.

Typ Vermeidung

In der Beratung stellen Studierende, als deren zentrale Orientierung *Vermeidung* hervortritt, die größte Herausforderung dar. Dies zum einen, da Vermeidung durchaus vielgestalte Ursachen haben kann, die es zunächst herauszufinden gilt. Tritt *Vermeidung durch Überforderung* oder aufgrund notweniger Priorisierung anderer Anforderungen (z.B. im Studium oder in der Familie) auf, kann es sogar notwendig sein, in der Beratung ressourcenschonendes Verhalten zu empfehlen. Anders verhält es sich mit dem Typ *Vermeidung als Strategie*. Durch seine klare und argumentativ durchaus überzeugend hervorgebrachte Ein- und Abgrenzung bestimmter lehrberuflicher Anforderungen fällt es schwer, ihm Vermeidungstendenzen ‚nachzuweisen'. Es kann sogar sein, dass der Vermeidungstyp sehr engagiert auftritt – aber eben nur in seinem selbst gewählten Rahmen von Entwicklungsthemen. Ein großes Problem ist seine Überzeugung davon (oder seine Behauptung), sich angemessen einzulassen.

Beispiel Tayfun Özdemir: „*Wir haben schon <u>alles</u> gegeben, und dann haben die Praxislehrpersonen irgendwie verlangt, wir sollen noch mehr geben. Und ich habe mich einfach gefragt, wie will ich noch mehr geben, wenn ich schon alles gebe.*"
Folgende Maßnahmen können eingesetzt werden.

- Aufforderung zur Darlegung individueller Entwicklungsziele mit Ausführungen dazu, wie diese konkret bearbeitet werden und welche Relevanz sie im Rahmen lehrberuflicher Professionalität und im eigenen Professionalisierungsprozesses haben.
- Einsatz von Reflexionsübungen, die es ermöglichen, die eigene pädagogische Orientierung (hier: Einschränkung von Verantwortungsbereichen oder Entwicklungsmöglichkeiten) kritisch zu reflektieren (vgl. Übungen zur biographischen Reflexion, Košinár 2018; 2019)
- Anlegen schriftlicher Reflexionsberichte zu konkreten Praxiserfahrungen am Professionalisierungsmodell (Abb. 3).

Mit den Maßnahmen werden folgende Ziele verfolgt:

a) Eine Scheiternserfahrung im Praktikum (Krise) oder das Erleben eigener Handlungslimitation (Irritation) werden als Moment der Entwicklungsmöglichkeit aufgewertet und damit deren Auftreten legitimiert. Es wird dem Unvermögen damit das Schammoment genommen, das beim Vermeidungstyp zumeist zum ‚Tun als ob‘ führt.

b) Die Prozessbeschreibung zwingt dazu, sich Gedanken über das eigene Vorgehen zu machen bzw. hierüber schriftlich zu reflektieren und den begleitenden Ausbildenden darüber Auskunft zu geben.

Grundlage der schriftlichen Analyse und Reflexion bildet die Bearbeitung einer Praktikumserfahrung, die für die Studierenden hohe Relevanz hat und durch die sie herausgefordert wurden (Krise, vgl. Abb. 1).

Schreibreflexion zum Professionalisierungsmodell

Wählen Sie eine konkrete Erfahrung aus Ihrem Praktikum aus, die für Sie rückblickend ein Schlüsselerlebnis in Bezug auf zu bewältigende Anforderung(en) war. Beschreiben Sie Ihr Erleben und den Bearbeitungsprozess entlang des Professionalisierungsmodells.

a) Um was für eine Situation handelt es sich? Wer war beteiligt? (Situationsbeschreibung, *Deskription*)

b) Wie haben Sie die Situation erlebt, was war für Sie das Herausfordernde und warum? (Bestimmung des Problems, *Deskription*).

c) Wie haben Sie versucht die Herausforderung zu bewältigen (sowohl situativ als auch ggf. mittelfristig)? Welche Strategien haben Sie eingesetzt, auf welche Ressourcen und Kompetenzen (eigene, soziale, personale…) und Konzepte (fachwissenschaftliche, fachdidaktische, erziehungswissenschaftliche) haben Sie zurückgegriffen? (Lösungssuche, *Deskription und Analyse*).

d) Wie schätzen Sie die Wirksamkeit Ihrer Handlungsalternative ein? Wie würden Sie die Erfahrung rückblickend in Bezug auf Ihren bisherigen Professionalisierungsprozess/Ihre beruflichen Anforderungen einordnen? (Evaluation und Verortung, *Reflexion*)

Verfassen Sie hierzu einen schriftlichen Bericht (3-4 Seiten).

Abb. 3: Anleitung zur Schreibreflexion

Typ Bewährung

Der *Typ Bewährung / Fremderwartungsorientierung* benötigt eine enge Begleitung und viel Unterstützung – ob in der Planung seines Unterrichts oder auch in der Klassenführung. Die Herausforderung in der Beratung liegt darin, herauszufinden, wie dieser die Rückmeldungen versteht und für sich übersetzt. Seine Sprachschöpfung im Rahmen der Unterrichtsvor- oder nachbesprechung ist ein wichtiger Hinweis darauf, wo er steht, welches (Berufs-)Verständnis von der Situation, welche Wissensbestände, welche Erkenntnis von Zusammenhängen zwischen eigener Handlung und Wirkungsweisen vorliegen. Folgende Maßnahmen können eingesetzt werden.

- Arbeit mit Videosequenzen zur Überprüfung von Selbst- und Fremdeinschätzung erleichtert den Austausch über konkrete Interaktionen oder Aspekte ihres/seines Lehrerhandelns.

- Konsequente Anwendung von Fachsprache bei der Beratung und Einfordern der Verwendung einer solchen ermöglicht ein Hineinwachsen in die Terminologie, die es zur Verständigung zwischen Ausbildenden und Studierenden braucht.

- Co-Planning und Co-Teaching als Möglichkeit des gemeinsamen Denkens und Tuns stellt das Lernen der Schülerinnen und Schüler in den Mittelpunkt, nicht die Performanz der Studierenden. Dies ermöglicht eine Reduktion des Bewährungsdrucks. Auch profitieren Studierende so unmittelbar von der Expertise ihrer Ausbildenden. Sie können quasi in deren Denkmuster hineinschauen, Entscheidungen können transparent gemacht werden, Fachbezüge und Konzepte werden so im Planungsvorgehen erkennbar.

Typ Entwicklung

Der *Typ Entwicklung* bietet in der Regel eine gute Verständigungsbasis an. Durch die hohe Kritikfähigkeit ist grundsätzlich eine hohe Lern- und Entwicklungsbereitschaft gegeben. Es kann sogar der Fall sein, dass eine Überforderungstendenz aufgrund zu hoher oder zu vieler selbst gesetzter Entwicklungsziele besteht. Dadurch dass Studierende des *Typs Entwicklung* hohen

Idealen folgen oder aber einen kritisch-selbstreflexiven Blick haben, gilt es hier eher gegenzusteuern, zu entschleunigen und zu priorisieren.

Der Entwicklungstyp in späteren Praxisphasen kann bisweilen auch zu risikoreich oder zu autonom handeln. Durch seine hohe Selbstwirksamkeitserwartung und (in der Regel) erfolgreiche Umsetzung der Unterrichtsplanung kommt es bisweilen zur Selbstüberschätzung oder aber zur Überforderung der Schülerinnen und Schüler.
Folgende Maßnahmen können eingesetzt werden.

- Priorisieren der Entwicklungsziele mit Begründung durch die Studierenden (Relevanzsetzung)
- Einfordern einer genauen Angabe des geschätzten Aufwands und des geplanten Vorgehens bei der Bearbeitung, um eine realistische Einschätzung zu befördern.
- Gemeinsames Antizipieren der Wirkungen geplanter Schritte, Methoden und des Vorgehens. Hierbei sollte die Perspektive der Schülerinnen und Schüler in den Blick genommen werden.

Die hier aufgeführten Maßnahmen und Verfahren in der Beratung und Begleitung orientieren sich an den empirisch identifizierten Typen Studierender, Referendarinnen und Referendare. Damit wird deutlich, dass hinter den Typen reale Fälle stehen, die jedoch für die Systematisierung stark abstrahiert wurden. Dennoch bietet die Typisierung Lehrerbildnerinnen und Lehrerbildnern die Möglichkeit, den Bedarf ihrer Studierenden schneller und präziser einschätzen zu können. Die wenigen Wandlungen und Veränderungen der Orientierungen im gesamten Ausbildungsverlauf verdeutlichen, dass es sich hierbei um weitgehend stabile Muster des Umgangs mit beruflichen Anforderungen und der Ausbildungssituation in den Schulpraktischen Studien handelt. Die Hinweise sollten jedoch nicht rezeptologisch verstanden werden, sondern stärker als bisher zur adaptiv-unterstützenden individualisierten Beratung auffordern.
Wichtig ist in dem Zusammenhang die Zusammenarbeit aller an der Ausbildung beteiligten Personen aus den verschiedenen Institutionen und Fachbereichen, damit eine Kohärenz der verschiedenen Konzepte hergestellt und

die Schulpraktische Ausbildung über die gesamte Spanne des Studiums konzipiert werden kann. Gerade angesichts der Schwemme von Portfolios und Reflexionsaufgaben in der Lehrerinnen- und Lehrerbildung hat sich eine Allergie gegen jede Form von ‚Reflektitis' bei den Studierenden eingestellt. Um eine Einlassung auf biographische Reflexionsübungen und die Bereitschaft zur Anlage eines Entwicklungsportfolios zu befördern, sind Absprachen zwischen den Ausbildenden darüber notwendig. Auch ist es vorstellbar, die oben beschriebenen Maßnahmen (z.b. Co-Planning, Videoanalyse, Kasuistik) auf die Begleitseminare bzw. zwischen den Lehrerbildenden aller Ausbildungsinstitutionen aufzuteilen, um somit die Ressourcen sinnvoll einzusetzen und jeweilige Expertengruppen für diese Formate aufzubauen.

Literatur

Bohnsack, Ralf. (2014): Habitus, Norm und Identität. In: Helsper,Werner/Kramer, Rolf-Torsten/Thiersch, Sven (Hrsg.): Schülerhabitus. Theoretische und empirische Analysen zum Bourdieuschen Theorem der kulturellen Passung. Wiesbaden, 33–54.

Combe, Arno (2015): Dialog und Verstehen im Unterricht. Lernen im Raum von Phantasie und Erfahrung. In: Gebhard, Ulrich (Hrsg.): Sinn im Dialog. Zur Möglichkeit sinnkonstituierender Lernprozesse im Fachunterricht. Wiesbaden, 51–66.

Combe, Arno (2010): Wie lassen sich in der Schule Erfahrungen machen? Lernen aus Sicht der Erfahrungstheorie. In: Pädagogik 62 (7–8), 72–77.

Helsper, Werner (2018a): Lehrerhabitus. Lehrer zwischen Herkunft, Milieu und Profession. In Paseka, Angelika/ Keller-Schneider, Manuela/Combe, Arno (Hrsg.): Ungewissheit als Herausforderung für pädagogisches Handeln. Wiesbaden, 105–140.

Helsper, Werner (2018b): Vom Schülerhabitus zum Lehrerhabitus. Konsequenzen für die Lehrerprofessionalität. In: Leonhard, Tobias/Košinár; Julia/Reintjes, Christian (Hrsg.): Praktiken und Orientierungen in der Lehrerinnen- und Lehrerbildung. Bad Heilbrunn, 17–40.

Hericks, Uwe (2006): Professionalisierung als Entwicklungsaufgabe. Wiesbaden.

Hericks, Uwe/Rauschenberg, Anna/Sotzek, Julia/Wittek, Doris/Keller-Schneider, Manuela (2018): Lehrerinnen und Lehrer im Berufseinstieg – eine mehrdimensionale Typenbildung zu Spannungsverhältnissen zwischen Habitus und Normen. In: Bohnsack, Ralf/Hoffmann, Nora Friederike/Nentwig-Gesemann, Iris (Hrsg.): Typenbildung und Dokumentarische Methode. Opladen, 51–67.

Keller-Schneider, Manuela (2010): Entwicklungsaufgaben im Berufseinstieg von Lehrpersonen. Beanspruchung durch berufliche Herausforderungen im Zusammenhang mit Kontext- und Persönlichkeitsmerkmalen. Münster.

Keller-Schneider, Manuela/Hericks, Uwe (2011): Beanspruchung, Professionalisierung und Entwicklungsaufgaben im Berufseinstieg von Lehrerinnen und Lehrern. Journal für Lehrerinnen und Lehrerbildung 11(1), 20–31.

Keller-Schneider, Manuela/Hericks, Uwe (2017): Professionalisierung von Lehrpersonen – Berufseinstieg als Gelenkstelle zwischen Aus- und Weiterbildung. Beiträge zur Lehrerbildung und Bildungsforschung, 35(2), 301–317.

Košinár, Julia (2019): Professionalisierungstypen und die Stabilität von Orientierungen. Präzisierung aktueller Herausforderungen für die Lehrer/innen(aus)bildung. In: Seminar (1), 7–21.

Košinár, Julia (2019). Habitustransformation, Wandel oder kontextinduzierte Veränderung von Handlungsorientierungen? In Kramer, Rolf-Torsten/Pallesen, Hilke (Hrsg.): Lehrerhabitus. Theoretische und empirische Beiträge zu einer Praxeologie des Lehrerberufs. Bad Heilbrunn, 235–261.

Košinár, Julia (2018): Das Mentorat zwischen Individualisierung und Standardisierung – eine empirie- und theoriebasierte Konzeption. In: Reintjes, Christian/Bellenberg, Gabriele/Im Brahm, Grit (Hrsg.): Mentoring und Coaching als Beitrag zur Professionalisierung angehender Lehrpersonen. Münster, S. 67–84.

Košinár, Julia (2014): Professionalisierungsverläufe in der Lehrerausbildung. Anforderungsbearbeitung und Kompetenzentwicklung im Referendariat. Opladen.

Košinár, Julia/Laros, Anna (2018): Zwischen Einlassung und Vermeidung. Studentische Orientierungen im Umgang mit lehrberuflichen Anforderungen im Spiegel von Professionalität. In: Leonhard, Tobias/Košinár; Julia/Reintjes, Christian (Hrsg.): Praktiken und Orientierungen in der Lehrerinnen- und Lehrerbildung. Bad Heilbrunn, 157–174.

Košinár, Julia/Laros, Anna (2020): Orientierungsrahmen im Wandel? Berufsbiographische Verläufe zwischen Studium und Berufseinstieg. In: van Ackeren, Isabell/Bremer, Helmut/Kessl, Fabian/Koller, Hans Christoph/Pfaff, Nicolle/Rotter, Caroline/Klein, Dominique/Salaschek, Ulrich (Hrsg.): Bewegungen. Beiträge zum 26. Kongress der Deutschen Gesellschaft für Erziehungswissenschaft. Opladen, S. 255-268.

Košinár, Julia/Schmid, Emanuel (2017): Die Rolle der Praxislehrperson aus Studierendensicht – Rekonstruktionen von Praxiserfahrungen. Beiträge zur Lehrerbildung und Bildungsforschung, 35(3), 459–471.

Košinár, Julia. & Billich-Knapp, Melanie (2016): Professionelle Entwicklung von Studierenden. Schulblatt AG/SO, 16/2016, 40.

Košinár, Julia/Schmid, Emanuel/Diebold, Nicole (2016): Anforderungswahrnehmung und -bearbeitung Studierender in den Berufspraktischen Studien. In: Košinár, Julia/Leineweber, Sabine/Schmid, Emauel (Hrsg.): Professionalisierungsprozesse angehender Lehrpersonen in den Berufspraktischen Studien. Münster, 139-154.

Terhart, Ewald (2011): Lehrerberuf und Professionalität: Gewandeltes Begriffsverständnis – neue Herausforderungen. In Helsper, Werner/Tippelt, Rudolf (Hrsg.): Pädagogische Professionalität. ZfP (57. Beiheft), 202–224.

2. Einblicke in konkrete Ausgestaltungen und Umsetzungen

2.1 Herausforderungen in Praxisphasen entlang der Themen Bildungsteilhabe und -übergänge, Migration/DaZ und Interkulturalität – Studien und Projektbeispiele

Maren Reichert

Handlungsdruck bewusstmachen und bewältigen – Zum Potenzial alternativer Praxisformate am Beispiel des StartTrainings an der Universität Leipzig

Das StartTraining bietet für Lehramtsstudierende die Möglichkeit, Praxiserfahrungen an Schulen, also in situ, zu sammeln. Anhand einiger ausgewählter Merkmale aus einer quantitativen Untersuchung und einer Dokumentenanalyse werden Professionalisierungsprozesse von Studierenden diskutiert sowie Faktoren von Handlungsdruck und dessen Bewältigung postuliert. Dem theoretischen Überblick zum Faktor Handlungsdruck und der Erläuterung von Rahmenbedingungen des StartTrainings folgen Ergebnisse aus den Untersuchungen. Die Bewältigung von Handlungsdruck als Professionalisierungskomponente für Studierende wird aufgezeigt.

1. Die Bedeutung von Erfahrungen bei der Bewältigung von Handlungsdruck

Die unterschiedlichen Begriffe *Strukturmerkmal, generativer Faktor, Herausforderung* verdeutlichen, wie facettenreich Handlungsdruck als Merkmal pädagogischen Handelns aus unterschiedlicher Perspektive eingeordnet bzw. skizziert werden kann. Diese Auswahl heterogener Begriffskontexte zur Einordung von Handlungsdruck konstituiert diesen als facettenreiches Charakteristikum pädagogischen Handelns, das sich aus der Perspektive unterschiedlicher Disziplinen und Theoriebezüge systematisierend skizzieren lässt. Handlungsdruck ist *erstens* aus erziehungs- und bildungswissenschaftlicher Perspektive der Tätigkeit von Lehrkräften immanent. Diese kennzeichnet sich unter anderem durch Mehrfachziele, multiple Aufgabenfelder sowie eine fehlende formal-determinative Abfolge von Handlungen (vgl. Frenzel/Götz/

47

Pekrun 2008). Pädagogisches Handeln ist grundsätzlich von Ungewissheit und Kontingenz geprägt. Es ist komplex, von widersprüchlichen Anforderungen gekennzeichnet und erfordert eine permanente Positionierung der Lehrkräfte in der Wahl zwischen ambipolaren Konzepten. Charakteristisch ist eine „strukturlogisch-verankerte Ungewissheitsdynamik auf verschiedenen Ebenen des Unterrichts" (Combe/Paseka/Keller-Schneider 2018, 72). Als „zu komplexe Situation" (Wettstein/Scherzinger 2019, 64) appliziert, ist deren vollständige analytische Beherrschung per se unmöglich. Wie eine Situation in all ihren Facetten wahrgenommen und bewertet wird, hängt von der psychischen Verfasstheit (z.b. Beliefs, Motive, Emotionsregulation, Kognition) des Individuums ab. Unter motivationspsychologischen Aspekten betrachtet, korrespondiert Handlungsdruck insbesondere mit Selbstwirksamkeitserwartungen, Appraisal-Dimensionen und Selbstregulation (Elliot/Dweck 2007; Kunter 2011); kognitionspsychologisch betrachtet, ist Handlungsdruck stark mit Ressourcenwahrnehmung, kognitiven Heuristiken (Gigerenzer/Gaissmaier 2006) und Intuition (Gigerenzer 2015; Kahneman 2012; Neuweg 2018) verknüpft. Personale Dimensionen beeinflussen Entscheidungen im unterrichtlichen Handeln und den Umgang mit diesen. Unterricht als soziale und damit a priori komplexe Situation zeichnet sich systemtheoretisch durch Kontingenz als Konstitutivum aus (vgl. Combe et al. 2018). Ein vielfach auf unterrichtliches Handeln adaptiertes Theoriefeld zur Erklärung sozialer Situationen bietet das Habituskonzept von Bourdieu (Schäfer 2016; Kramer 2019; Bressler/Rotter 2018) mit dem Verweis auf die Bedeutung impliziter Wissensbestände. Handlungsdruck ist durch ein permanentes Nebeneinander impliziter und expliziter Anteile in einem wechselnden Verhältnis gekennzeichnet. Handlungsdruck entsteht auch durch die Normativität von Handeln im Sinne eines moralphilosophisch kategorisierten Impetus. Normen und Sachverhalte explizieren eine übergeordnete Verpflichtung zum Lösen einer Situation, die nicht zuletzt aus praktischen Erwägungen heraus nicht ungelöst bleiben darf (vgl. Forst/Günther 2011). Diese gesteigerte Begründungspflicht sowie eine Vielfalt an begründeten Handlungsoptionen führen zu einem erhöhten Entscheidungsdruck, der wiederum durch Normativität prinzipiell kontingentiert wird. Normativität stellt im Begründungszusammenhang somit auch eine Reduktion von Möglichkeiten dar, die sich auf der Makroebene pädagogischen Handelns aus bildungspolitischen Rahmungen (Bildungsgerechtigkeit, Recht auf Bildung, Selektion und Allokation) oder aus ethischen Postulaten (Kinderrechte) ableitet. Eine Zunahme der Kompetenzadressierungen (vgl. Standards Lehrerbildung KMK) an Lehrkräfte führt dann wiederum zu einer Vervielfachung von Optionen, Entscheidungs- und Wahlmöglichkeiten, die eine Herausforderung darstellt (vgl. Arnold/Lindner-Müller 2017). *Zweitens* lässt sich Handlungsdruck über Charakteristika seiner selbst analysieren. Diese entsprechen sowohl objektiven Merkmalen als auch individuellen Zuschreibungen (vgl. Schaub 2006; Keller-Schneider 2010). Handlungsdruck lässt sich auch in seiner Struktur- und Prozesshaftigkeit (Wahl 1991; Seidel 2014) beschreiben und untersuchen. Unabhängig von deren Bezugsgröße gelten Vernetztheit, Dynamik, Intransparenz, Offenheit, Neuartigkeit als konsistente Merkmale solcher Situationen, die in Antinomien abbildbar sind. *Schließlich* lässt sich Handlungsdruck über seine (Aus-)Wirkungen beschreiben. Überwiegend wird Handlungsdruck als Anforderung postuliert, deren Bewältigung Merkmal professionellen Lehrkräftehandelns ist. Folgen einer Nichtbewältigung zeigen sich auf der Ebene des Subjekts in Lehrerunzufriedenheit, Ärger und Angst, Stress, gesundheitlichen Konsequenzen. Im Ergebnis von Unterricht werden Ungewissheit und Handlungsdruck in einen kausalen Zusammenhang zu mangelnder Effizienz und Effektivität gesetzt und sorgen gleichzeitig dafür, dass besonders fruchtbare Momente im Unterricht verstreichen (vgl. Gruschka 2018). Jenseits überwiegend negativen Konnotierens wird Handlungsdruck auch mit positiven Wirkungen assoziiert (z.B. Notwendigkeit der Schwerpunkbildung, vgl. Wahl 1991). Lehrerhandeln bleibt insgesamt geschlossenes Handeln. Systematisch handelnde Lehrkräfte sollten zielgerichtet und ergebnisorientiert agieren. Lehrerhandeln wird somit innerhalb eines vorgegebenen bildungspolitischen, institutionellen oder räumlichen Rahmens geplant, wobei es Vorgaben unterliegt, die es formen und aus denen es sich selbst zu einer ordinierenden Größe in und trotz aller Offenheit einer sozialen Situation generiert.

Als verbindende Klammer aller Bereiche zur Begriffssystematisierung von Handlungsdruck lässt sich das Sammeln von Erfahrung durch die Ermöglichung eines Erfahrungsraums ausmachen. Soziale Situationen, Normativität von Handeln und Entscheidungsdruck, Selbstwirksamkeitserwartungen und

-erleben sind essenziell von der Möglichkeit abhängig, Erfahrung zu sammeln. Diese bringt wiederum Bestätigung, Irritation, Veränderungen hervor und wird somit zum generierenden Faktor. Meyer-Drawe metaphorisiert Erfahrung „als Widerfahrnis" (2008, 214) und Motor für Entwicklung. Professionalisierung als Krisenbearbeitung (vgl. Oevermann 2002) macht aber auch deutlich, dass Bewertungen und Beurteilungen von Erfahrungen – insbesondere in ihrer Krisenhaftigkeit – an deren raum-zeitliche Intensität und inhaltliche Qualität gebunden sind. Das im Folgenden vorgestellte Projekt StartTraining stellt einen zu den regulären Praktika additiven Erfahrungsraum dar und eröffnet die Möglichkeit weiterer Praxis als Vorbereitung auf späteres Lehrerhandeln.

2. Das StartTraining als alternatives Praxisformat an der Universität Leipzig

Das StartTraining unterstützt Kinder in bedeutsamen Phasen des Bildungsübergangs in den Klassenstufen 1 und 5. Sowohl Schulen als auch Studierende bewerben sich für jeden Projektzeitraum neu, sodass Freiwilligkeit eine wesentliche motivationale Konstante bleibt. Die Schulen werden bei der Vorbereitung und Umsetzung des StartTrainings sowohl durch das Zentrum für Lehrerbildung und Schulforschung der Universität Leipzig als auch durch unseren Kooperationspartner, das Landesamt für Schule und Bildung des Freistaates Sachsen, unterstützt. Die Studierenden werden im Projekt in Korrespondenz mit den Fachdidaktiken und Bildungswissenschaften begleitet, erhalten Raum für Erfahrungsaustausch und Reflexion sowie Einzelfallunterstützung zur inhaltlichen und organisatorischen Bewältigung von Projektanforderungen. Die Studierenden sind einer Klasse zugeordnet und mit durchschnittlich zehn Unterrichtsstunden in der Woche an den Schulen aktiv. In den Projektzeitraum kann zur Unterstützung des Studienverlaufs ein durch Leistungspunkte validierter Praktikumszeitraum integriert werden. Tätigkeiten, die nicht in den Organisationsrahmen von curricular modulierten verpflichtenden Schulpraktika eingebunden sind, werden grundsätzlich vergütet. Das StartTraining bietet einen recht weit gefassten Professionalisierungsraum für Studierende. Ihr Handeln bildet sich durchschnittlich gewichtet in folgenden

Aufgabenbereichen ab: Hospitation (10%), Lernstandsdiagnostik (12%), Durchführung von Interventionsmaßnahmen (15%), Unterrichtssequenzen (10%), Unterricht (3%) und Unterstützung der Lehrkraft (10%). Die Lernbegleitung von Schülerinnen und Schülern macht mit ca. 40% das bedeutsamste Tätigkeitsvolumen aus. Professionalität wird im Sinne neuerer Ansätze von schulischen Praxiserfahrungen „nicht direkt über das isolierte Fokussieren einzelner operationalisierter Handlungskompetenzen" aufgebaut, sondern „über ein situiertes und kooperationsorientiertes Setting aufgegriffen" und bearbeitet (Fraefel/Haunerger 2012, 186).

3. Erwartungen zur Professionalisierung

Die Evaluation des Projektes erfolgte sowohl formativ als auch summativ. Lehramtsstudierende und Lehrkräfte an den beteiligten Schulen wurden in der pre-Erhebung zu ihren Erwartungen sowie in der post-Erhebung zu ihren Erfahrungen und wahrgenommenen Entwicklungen befragt. Die Befragung erfolgte teilstandardisiert mit EvaSys. Die im Fragebogen genutzten Items ermöglichten u.a. den Vergleich von Erwartungen und Ergebnissen zur Kompetenzentwicklung über diese fundierende Indikatoren und zielten in einem Erhebungsbereich auf unterschiedliche Merkmale innerhalb von Professionalisierungsprozessen ab.

3.1 Stichprobe

Die Stichprobenparameter (vgl. Tab. 1) Alter und Schulform auf der Seite der Lehrkräfte sowie Lehramtsstudiengang und Semester auf der Seite der Studierenden zeigen keinen signifikanten Einfluss auf die Variable Handlungsdruck. Etwas stärker interagiert dieser mit dem Faktor Berufserfahrung (F (1.84) = 3.27, p = .046, η_p^2 = .008, f = .09).

Tab 1: Beschreibung der Stichprobe beim Pretest vor Projektbeginn

Studierende (N = 98)								Reliabilität	
Lehramt in %			Fachsemester in %					Items	Cronbach's α
GS	OS	Gym	Sopä	2	4	6	8	37	.80
41,1	11,1	17,8	30,0	37,6	15,1	17,2	20,4		
Lehrkräfte (N = 59)									
Berufserfahrung in %				Alter in %					
<5	5-15	16-25	>25	<35	35-45	46-55	>55	31	.81
41,5	26,4	7,5	24,5	46,4	25,0	16,1	12,5		

Anmerkungen: GS: Lehramt für Grundschulen, OS: Lehramt für Oberschulen, Gym: Lehramt für Gymnasien, Sopä: Lehramt für Sonderpädagogik

3.2 Ergebnisse

Studierende müssen sich für eine Tätigkeit im Projekt bewerben. Die Dokumentenanalyse der Bewerbungen der Studierenden dieser Kohorte unterstreicht, dass das Sammeln praktischer Erfahrungen eine zentrale Erwartung an das Projekt und Motivation für die Teilnahme der Studierenden daran ist. Studierende erwarten unabhängig von ihrem bisherigen Studienverlauf und Praktikumsvolumen von diesem Praxisformat die Erweiterung ihrer Kompetenzen. Damit bestätigt sich die vielfach benannte Bedeutung, die Praktikumsphasen und Praxiserfahrungen von Studierenden beigemessen wird (vgl. Keller-Schneider 2010). Das Item: „Verringerung des Handlungsdrucks im Unterricht" korreliert stark mit anderen Bereichen. Sowohl für die Lehrkräfte als auch die Studierenden ergeben sich bei der Abfrage der Erwartungen zum Projekt insbesondere Zusammenhänge zwischen Handlungsdruck und Professionalisierungsaspekten (vgl. Tab. 2), wobei die Bedeutung von Austausch und Kooperation der Lehrkräfte (r_{Lk} = .55*, p = .023; r_{Stud} = 49**, p = .008) deutlich wird.

Tab. 2: **Korrelationen zu Erwartungen von Professionalisierungsaspekten und Handlungsdruck**

	Items Professionalisierung					
	Reflexion Unterricht Lehrkräfte	Reflexion Unterricht Studierende	Theorie -Praxis Studierende	Einblick Theorie Lehrkräfte	Austausch Kolleg*innen	Bestimmung Lernaus-gangslage
Handlungsdruck Lehrkräfte: Sicht Lehrkräfte	.23	.05	-.07	.36**	.55*	.28*
Handlungsdruck Lehrkräfte: Sicht Studierende	.35**	.29**	.25**	.27**	.49**	.37**

Anmerkung: * p £ .05, ** p £ .01

Faktorenanalytisch (Hauptkomponentenanalyse, Varimax mit Kaiser-Norma-lisierung) lässt sich die erwartete Verringerung des Handlungsdrucks insbe-sondere als Entlastungsfaktor beschreiben. Die Erwartung, dass durch die Tätigkeit der Studierenden in der jeweiligen Klasse der Austausch der Kolle-ginnen und Kollegen gefördert wird, zeigt sich in der Gruppe der Studieren-den ($M = 2.97$, $SD = 0.78$) zwar mit geringerer Faktorladung (.63, h^2 =.75) als in der Gruppe der Lehrkräfte (vgl. Tab. 3), ist aber auch hier ein zentraler Aspekt.

Tab. 3: **Mittelwerte, Standardabweichungen sowie Faktorladungen und Kommunalitäten (h2) der Items zur erwarteten Entlastung**

	Item	M	SD	Faktorladungen			
				1	2	3	h^2
30.	Profit Austausch Kolleg-*innen der Klassenstufe	2.91	0.75	.16	.14	**.81**	.75
29.	Profit Konzentration auf einzelnes Kind	3.23	0.71	.18	-.08	**.71**	.69
37.	Profit Reflexion Unterricht	2.88	0.63	-.12	.36	**.70**	.83
34.	Verringerung Handlungs-druck im Unterricht	2.75	0.80	.47	.08	**.56**	.73

Anmerkung: Ladungen größer .50 sind durch Fettdruck hervorgehoben

53

Aufgrund der vielfältigen Zusammenhänge bestätigt sich Handlungsdruck als übergreifendes Merkmal sowohl spezifischer sozialer Situationen als auch als Zuschreibung eines Charakteristikums unterrichtlichen Handelns. Die Bewältigung von Handlungsdruck ist an Professionalisierungsprozesse geknüpft, die von Erfahrungen abhängen. Dem Austausch in diesem Erfahrungsraum wird eine große Bedeutung beigemessen.

4. Besonderheit des Praxisformats als hybrider Erfahrungsraum

Folgende Tendenzen zum StartTraining als Professionalisierungsraum werden deutlich. *Erstens*: Situationen in Praktika unterliegen einem sozialen, psychologischen, normativen und bildungswissenschaftlichen sowie fachdidaktischen Bedingungsgefüge, das eng mit Komplexität verknüpft ist. Insbesondere in Praktikumssituationen subsumieren sich darüber hinaus Faktoren von Handlungsdruck, die sich über die beschriebene Unterrichtssituation erweitern lassen und unter anderem den Umgang mit Studienanteilen (Leistungspunkte oder Credit Points), Zeitdruck, Bewertungssituationen durch Dozierende, Mobilitätsaufwand oder auch Aspekte des Mentorings beinhalten. Dies korrespondiert, wie die hier nicht referierten Daten eines Zwischenfeedbacks von dreißig Studierenden sowie die Dokumentenanalyse der Bewerbungen der Studierenden zeigen, mit einer großen Unsicherheit der Studierenden in Bezug auf die eigene Rolle und auf den sich in Entwicklung befindenden Lehrerhabitus, aber auch in Bezug auf die eigene Rolle im Unterrichtsraum in der Kooperation mit den Lehrkräften. Letzteres stellt sich im Zwischenfeedback der Studierenden an den Schulen auch als ein Prozess des immer wieder neuen Aushandelns dar. Dabei werden seitens der Studierenden sowohl Fragen nach den zur Verfügung gestellten Möglichkeiten als auch Fragen nach dem Zutrauen in eigenes Können gestellt.

Zweitens: Wenn Praktiken als wiederholende, wiederholte und wiederholbare Formationen (vgl. Schäfer 2016) definiert werden, ist Lernen aus Erfahrung ein Sammeln von Bewältigungsmöglichkeiten, das schließlich in Handlungsroutinen mündet. Handlungsdruck ist eine bewältigbare Größe, die nur im Handeln bewältigt wird. Kooperation von Lehrkräften untereinander und von Lehrkräften und Studierenden in ihrem gemeinsamen Ziel, der

Unterstützung von Kindern, bildet dabei eine zentrale Grundlage. Austausch wird als Mittel zur Problemlösung verstanden und erlebt. Der „Aufbau von Metakompetenzen des professionellen Kooperierens, Entscheidens und Handelns unter anspruchsvollen kontingenten Bedingungen des schulischen Alltags" (Fraefel et al. 2012, 187) erfordert mehr, als in einem ‚Langzeitpraktikum' geleistet werden kann.

Drittens verdeutlicht das StartTraining das Potenzial eines Praktikumsformates, das größere Freiräume lässt, mehr Eigenständigkeit im Rahmen einer intensiven Zusammenarbeit mit einer Lehrkraft und den Schülerinnen und Schülern einer Klasse erlaubt und nicht zuletzt eine natürliche, nichtkonstruierte Lernsituation bietet. Da sich das StartTraining zwar innerhalb eines Beurteilungsrahmens durch Lehrkräfte, aber außerhalb eines Bewertungsrahmens durch Dozierende bewegt, werden weniger pragmatisch (aus-) gerichtete Erfahrungen zugelassen, die sich auch jenseits eines ggf. gesetzten Rahmens von sozialer Erwünschtheit bewegen und Schulpraxis somit auch zum individuellen Entwicklungsraum werden lässt. Fehler sind erlaubt und Selbstwirksamkeitserfahrungen umfänglicher möglich.

Durch die Untersuchung der Verzahnung von Schulstandorten und Projektschulen stellt das StartTraining *schließlich* auch einen Beitrag zur Beschreibung sozialer Räume und damit einen wichtigen Teil von Disparitätswahrnehmung dar, die einen Erfahrungswert für Studierende über Studieninhalte hinaus darstellt.

Literatur

Arnold, Karl-Heinz/Lindner-Müller, Carola (2017): Heterogenität aus der Perspektive von Pädagogischer Diagnostik sowie Allgemeiner Didaktik und Lehr-Lernforschung In: Bohl, Thorsten/Budde, Jürgen/Rieger-Ladich, Markus (Hrsg.): Umgang mit Heterogenität in Schule und Unterricht. Bad Heilbrunn, 237–256.

Bressler, Christoph/Rotter, Carolin (2018): Die zwei Seiten des (Lehrpersonen-)Habitus – Praxeologisch-wissenssoziologische Überlegungen zur Erweiterung der Forschung zum Lehrpersonenhabitus. In: Leonhard, Tobias/Košinár, Julia/Reintjes, Christian (Hrsg.): Praktiken und Orientierungen in der Lehrerbildung. Potenziale und Grenzen der Professionalisierung. Bad Heilbrunn, 53–63.

Combe, Arno/Paseka, Angelika/Keller-Schneider, Manuela (2018): Ungewissheitsdynamiken des Lehrerhandelns. Kontingenzzumutung – Kontingenzbelastung – Kontingenzfreude – Kontingenzbewusstsein. In: Combe, Arno/Paseka, Angelika/Keller-Schneider, Manuela (Hrsg.): Ungewissheit als Herausforderung für pädagogisches Handeln. Wiesbaden, 53–80.

Elliot, Andrew J./Dweck, Carol S. (eds.) (2007): Handbook of Competence and Motivation. New York.

Forst, Rainer/Günther, Klaus (Hrsg.) (2011): Die Herausbildung normativer Ordnungen. Interdisziplinäre Perspektiven. Frankfurt am Main.

Fraefel, Urban/Haunerger, Sigrid (2012): Entwicklung professionellen Handelns in der Ausbildung von Lehrpersonen. Einblicke in die laufende Interventionsstudie „Partnerschulen für Professionsentwicklung". In: Beiträge zur Lehrerinnen- und Lehrerbildung, 30, H.2, 185–199.

Giesinger, Johannes (2014): Wirksamkeit und Respekt. Zur Philosophie des Unterrichts. In: Zeitschrift für Pädagogik, 60, H.6, 817–831.

Gigerenzer, Gert (2015): Simply rational: Decision making in the real world. New York.

Gigerenzer, Gert/Gaissmaier, Wolfgang (2006): Denken und Urteilen unter Unsicherheit: Kognitive Heuristiken. In: Funke, Joachim (Hrsg.): Denken und Problemlösen. Göttingen, 330–374.

Gruschka, Andreas (2018): Ungewissheit, der innere Feind für unterrichtliches Handeln. In: Combe, Arno/Paseka, Angelika/Keller-Schneider, Manuela (Hrsg.): Ungewissheit als Herausforderung für pädagogisches Handeln. Wiesbaden, 15–30.

Kahneman, Daniel (2012): Schnelles Denken, langsames Denken. München.

Keller-Schneider, Manuela (2010): Entwicklungsaufgaben im Berufseinstieg von Lehrpersonen. Münster.

Kramer, Rolf-Torsten (2019): Auf die richtige Haltung kommt es an? Zum Konzept des Lehrerhabitus und zu Implikationen für seine absichtsvolle Gestaltung. In: Rotter, Carolin/Schülke, Carsten/Bressler, Christoph (Hrsg.): Lehrerhandeln – eine Frage der Haltung? Weinheim; Basel, 30–52.

Kunter, Mareike (2011): Motivation als Teil der professionellen Kompetenz – Forschungsbefunde zum Enthusiasmus von Lehrkräften. In: Kunter, Mareike/Baumert, Jürgen (Hrsg.): Professionelle Kompetenz von Lehrkräften: Ergebnisse des Forschungsprogramms COACTIV. Münster; New York, 259–276.

Meyer-Drawe, Käte (2008): Diskurse des Lernens. Paderborn.

Neuweg, Georg Hans (2018): Distanz und Einlassung. Münster.

Frenzel, Anne C./Götz, Thomas/Pekrun, Reinhard (2008): Ursachen und Wirkungen von Lehreremotionen: Ein Modell zur reziproken Beeinflussung von Lehrkräften und Klassenmerkmalen. In: Gläser-Zikuda, Michaela/Seifried, Jürgen (Hrsg.): Lehrerexpertise: Analyse und Bedeutung unterrichtlichen Handelns. Münster, 187–210.

Oevermann, Ulrich (2002): Klinische Soziologie auf der Basis der Methodologie der objektiven Hermeneutik. Frankfurt/Main.

Seidel, Tina (2014): Angebots-Nutzungs-Modelle in der Unterrichtspsychologie: Integration von Struktur- und Prozessparadigma. In: Zeitschrift für Pädagogik, 60, H.6, 850–866.

Schäfer, Hilmar (2016): Praxistheorie – ein soziologisches Forschungsprogramm. Bielefeld.

Schaub, Harald (2006): Störungen und Fehler beim Denken und Problemlösen. In: Funke, Joachim (Hrsg.). Denken und Problemlösen. Göttingen, 447–482.

Wahl, Diethelm (1991): Handeln unter Druck. Weinheim.

Wettstein, Alexander/Scherzinger, Marion (2019): Unterrichtsstörungen verstehen und wirksam vorbeugen. Stuttgart.

Nadia Wahbe

Herausforderung Praxiserfahrung im Kontext der Heterogenitätsdimension Migrationsgeschichte/ DaZ-Förderbedarf

Im vorliegenden Beitrag wird die Forschungs- und Entwicklungsstudie ‚Diagnose- und Förderkompetenz für sprachsensiblen Fachunterricht der Sekundarstufe (BiProDaZ_ForBi)[1] *vorgestellt, die vom Deutschen Bundesministerium für Bildung und Forschung (BMBF) gefördert und im Rahmen des Bielefelder Forschungsverbunds ‚BiProfessional – Bielefelder Lehrer_innenbildung: praxisorientiert – forschungsbasiert – inklusionssensibel' des BMBF-Programms Qualitätsoffensive Lehrerbildung (QLB) durchgeführt wird.*[2]

1. Einführung

Die Entwicklung einer inklusionssensiblen Grundhaltung und sprachsensiblen Kompetenz für den Auf- und Ausbau des Deutschen als Zweitsprache (DaZ) im Fachunterricht stellt für die Ausbilderinnen und Ausbilder angehender Lehrkräfte eine Herausforderung dar. Angelehnt an die Empfehlungen der Hochschulrektoren- und Kultusministerkonferenz für eine inklusive Schule (vgl. HRK/KMK 2015) fällt lehrkräftebildenden Hochschulen die Aufgabe zu, zukünftige Fachlehrkräfte auf einen reflektierten Umgang mit der sprachlichen Heterogenität in der Schule vorzubereiten (vgl. Lehrerausbildungsgesetz des Landes NRW 2009 [LABG NRW], § 2 Abs. 2; § 11 Abs. 8) und für eine bewusste

---

1   Webseite: https://www.uni-bielefeld.de/einrichtungen/biprofessional/teilprojekte-(tp)/tp-4-inklusionssensible-l/tm_18.xml/

2   *BiProfessional* wird im Rahmen der gemeinsamen Qualitätsoffensive Lehrerbildung von Bund und Ländern aus Mitteln des Bundesministeriums für Bildung und Forschung gefördert (Förderkennzeichen 01JA1908).

Förderung der deutschen Fach- und Bildungssprache im Unterricht zu befähigen (vgl. exemplarisch Kernlehrpläne NRW). Die Relevanz dessen zeigt sich in aktuellen amtlichen Bildungsstatistiken, beispielsweise dem Nationalen Bildungsbericht (2014; 2016; 2018) oder den Metastudien des aktuellen Bildungsmonitors (2016–2019), die offenlegen, dass u.a. mangelnde Kenntnisse der deutschen Fach- und Bildungssprache zu Bildungsbenachteiligung und Schulabbruch bei jungen Heranwachsenden führen können (vgl. Bildungsmonitor 2019). Eine Sensibilisierung für die Sprachförderung von Deutsch als Zweitsprache im Fachunterricht scheint im Zuge eines breiten Verständnisses von Inklusion aktueller denn je. Denn „inklusiver Unterricht muss die zentralen Kriterien des sprachsensiblen Fachunterrichts berücksichtigen" (Riemer 2017a, 182), um der aus Sprachmangel resultierenden Chancenungerechtigkeit entgegenzuwirken und Bildungsarmut zu reduzieren. Dafür werden Lehrkräfte benötigt, die mit sogenannter *DaZ-Kompetenz* (vgl. Ehmke/Hammer/Köker/Ohm/Koch-Priewe 2018) ausgestattet sind und Fachinhalte bewusst mit Fachsprache vernetzen können. Die Bedingungen von Mehrsprachigkeit und DaZ-Förderbedarf im Unterricht können für (angehende) Lehrkräfte Hürden darstellen, die mit Komplexität und Handlungsdruck einhergehen; demnach ist eine entsprechende Qualifizierung unerlässlich. Jedoch ist noch weitgehend unerforscht, was vorhandene (kleine) Qualifizierungsformate im Rahmen der universitären Lehrkräftebildung bezüglich des DaZ-Kompetenzerwerbs von zukünftigen Fachlehrkräften leisten können.

2. Forschung und Entwicklung für sprachsensiblen Fachunterricht

Mit der Forschungs- und Entwicklungsstudie *BiProDaZ_FörBi*, einer Studie im Bielefelder Forschungsverbund *BiProfessional* des BMBF-Programms *Qualitätsoffensive Lehrerbildung*, soll empirisch geprüft werden, was bei Lehramtsstudierenden durch Praxiserfahrung an Kompetenzentwicklung für die Sprachförderung DaZ im Fachunterricht erreicht werden kann. Untersucht wird dies im Rahmen eines DaZ-spezifischen Praktikums im Kontext der „Heterogenitätsdimension Migrationsgeschichte/DaZ-Förderbedarf" (vgl. Riemer 2017b). Den Rahmen für diese Praxiserfahrung bietet der universitäre *„Förderunterricht für Schülerinnen und Schüler nicht deutscher Herkunfts-*

sprachen (FörBi)" (vgl. Hinrichs/Riemer 2004)[3], in dem bereits seit dem Jahr 2001 kleine Gruppen von je vier bis sechs Schülerinnen und Schülern in den Unterrichtsfächern Deutsch, Englisch und Mathematik (Sekundarstufen I und II) von studentischen Praktikantinnen und Praktikanten, sogenannten Förderlehrerinnen und -lehrern, unterrichtet werden. Dieses DaZ-spezifische Praktikumsformat bietet Lehramtsstudierenden bereits zu einem frühen Zeitpunkt ihres Studiums die Möglichkeit, sich mit Fragen und Bedenken bezüglich einer inklusionssensiblen Haltung auseinanderzusetzen sowie sprachdiagnostische und sprachfördernde Kompetenzen im Bereich Deutsch als Zweitsprache zu entwickeln. Dazu bilden die Praktikantinnen und Praktikanten studentische Teaching-Tandems. Jedes Tandem unterrichtet während des Praktikums über einen Zeitraum von sechs Monaten ein Mal pro Woche je eine Lerngruppe aus mehrsprachigen Schülerinnen und Schülern der Sekundarstufe I. Der Förderunterricht wird von den Tandems auf Grundlage von sprachdiagnostischen Erhebungen des Sprachstandes der Schülerinnen und Schülern selbstständig geplant und durchgeführt. Die Studierenden erproben eigene, sprachsensible Unterrichtsentwürfe, werten sie im Hinblick auf Sprachsensibilität und Fachsprachlichkeit gemeinsam aus und optimieren ihre Unterrichtspraxis zusammen. Begleitet wird dies von Tutorinnen und Tutoren, die bereits Erfahrungen im Unterrichten mehrsprachiger Schülerinnen und Schüler mit DaZ-Förderbedarf mitbringen. Gemeinsam lernen die zukünftigen Lehrkräfte, Bildungs- und Fachsprache unter Berücksichtigung lernersprachlicher Voraussetzungen und unterrichtssprachlicher Anforderungen mit Fachinhalten zu verbinden, um somit ihre Lerngruppen fach- und bildungssprachlich zu fördern und die eigene DaZ-Kompetenz weiterzuentwickeln. Bei der Forschungs- und Entwicklungsstudie *BiProDaZ_FörBi* handelt es sich um eine Längsschnittstudie mit Mixed-Methods-Design und qualitativem Schwerpunkt. Untersuchungsgegenstand ist die Entwicklung der sprachdiagnostischen und sprachfördernden Kompetenzen der Lehramtsstudierenden. Auch soll dabei die Entwicklung ihrer Haltung zur inklusiven Schule beobachtet werden. Zur qualitativen Beforschung dienen Unterrichtsbeobachtungen

---

3   Webseite: https://www.uni-bielefeld.de/foerbi

vom Förderunterricht (mit Beobachtungsbogen), Hospitationen in den Reflexionsgesprächen der Studierenden (direkt nach dem Unterricht) und Interviews (leitfadengestützt), in denen ein Videovignettentest zum Einsatz kommt, der auf das Erkennen und Beurteilen sprachsensibler Unterrichtshandlungen zielt. Ergänzend werden zur quantitativen Beforschung das Testinstrument aus dem Projekt DaZKom zur Subdimension Didaktik (Testheftteil zur Ermittlung der Sprachdiagnose- und Sprachförderkompetenzen) und der Fragebogenteil aus der Studierendenbefragung der Bielefeld School of Education (BiSEd) zu Haltung und Bedenken gegenüber inklusivem Unterricht (SACIE-R) eingesetzt.

3. Erste Zwischenergebnisse

Zwischenergebnisse der mehrmethodischen Pre-Post-Begleitstudie *BiProDaZ_FörBi* deuten darauf hin, dass die Entwicklung sprachdiagnostischer und sprachfördernder Kompetenzen der reflexiven Begleitung bedarf, um vorangebracht zu werden (vgl. Wahbe/Riemer 2020). Denn einerseits wird die praktische Erfahrung von den Studierenden als teils frustrierende und komplexe Anforderung empfunden, auf die verunsichert reagiert anstatt professionell eingegangen wird, andererseits weisen Studierende, die ihren Förderunterricht kritisch betrachten, eine Weiterentwicklung im Bereich ihrer DaZ-Kompetenz auf. Für die Professionalisierung durch Praxiserfahrung in der Lehrkräftebildung (vgl. exemplarisch Brandhorst/Goerigk/Schöning/Dempki 2018) kann dies bedeuten, dass die Reflexion über sprachsensibles Unterrichten stärker anzuleiten und die entsprechende Praxiserfahrung bewusst reflexiv zu begleiten ist. So kann es Lehramtsstudierenden ermöglicht werden, Komplexität, Unsicherheit und Handlungsdruck unter den Bedingungen von Mehrsprachigkeit sicher zu bewältigen und sprachsensible Kompetenz für den Fachunterricht nachhaltig zu entwickeln. Hier scheint die Intensivierung des Theorie-Praxis-Bezugs im Lehramtsstudium durch die Befähigung zur fachlichen Reflexion von Unterrichtssituationen, insbesondere der eigenen Lehrpraxis, von besonderer Bedeutung für die sprachsensible Kompetenzentwicklung zu sein. Denn weitere Forschungsbefunde lassen vermuten, dass sich sprachdiagnostische und Sprachförderkompetenzen nicht auf der Basis einer allgemein gehaltenen

Unterrichtsreflexion entwickeln, sondern dass eine fachlich fokussierte Reflexion erforderlich ist, z.b. über förderdidaktische Elemente des sprachsensiblen Unterrichts. Auch aus der Kognitionspsychologie und Professionstheorie ist bekannt, dass nur eine systematische Reflexion die Entwicklung von Lehrkompetenz ermöglichen kann (vgl. Schön 1990; Roters 2012). Im Rahmen der o.g. Studie zeigt sich zudem, dass die dafür notwendige Reflexionsfähigkeit, im Sinne des *reflektierenden Praktikers* (vgl. Schön 1990; Berndt/Häcker 2017), über Sprachsensibilität und Fachsprachlichkeit im Unterricht nicht vorausgesetzt werden kann. Deshalb werden anknüpfend an diese Zwischenergebnisse im Rahmen der Studie hochschuldidaktische Materialien und Konzepte für die Stärkung der reflexiven Lehrkräfteausbildung entwickelt, eingesetzt und evaluiert. Angelehnt an Grundsätze des Design-Based Research-Ansatzes werden zur Prüfung der entwickelten Konzepte und Materialien formative und summative Evaluationsverfahren angewendet. Die entwickelten *reflexiven Tools* zur Selbstreflexion dienen den studentischen Förderlehrkräften als begleitende Reflexionsinstrumente, die u.a. Orientierung, Anregung und Hilfsmittel zur Selbstbeobachtung im Praktikum darstellen können. Übergreifendes Ziel dieses Vorgehens ist die Weiterentwicklung des praxisorientierten Lehr-Lern-Konzepts für das grundständige Lehrangebot mit dem Ziel einer bereits früh im Studium einsetzenden und dann durchgängigen, phasenübergreifenden DaZ-Sensibilisierung von Lehramtsstudierenden durch kleinere, manualisierte Modulelemente und Materialien, die nicht nur im Rahmen der sogenannten Berufsfeldbezogenen Praxisstudien (BPSt), sondern breit eingesetzt werden sollen, u.a. auch in anderen Formaten der universitären Lehrkräftebildung, z.B. schulpraktischen Studien, sowie in Workshops und ähnlichen Fortbildungsangeboten für (angehende) Lehrkräfte der Sekundarstufen (vgl. Wahbe/Riemer 2020).

4. Materialentwicklung für die Lehrkräftebildung

Unter anderem ist im Rahmen der Forschungs- und Entwicklungsstudie *BiProDaZ_FörBi* ein Reflexionsbogen für sprachsensiblen Fachunterricht entwickelt worden. „Es handelt sich hierbei um ein Reflexionsinstrument als Teil eines Reflexionskonzepts, das forschungsgeleitet, theoriebasiert und praxisorientiert entwickelt worden ist, um den Kompetenzentwicklungsprozess von Lehramtsstudierenden im Bereich der Sprachförderung DaZ voranzubringen" (vgl. Wahbe/Riemer 2020, 198). Dieses Instrument, welches in Form eines Reflexionsbogens genutzt werden kann, ist für den Einsatz in Settings gedacht, in denen angehende Lehrkräfte Erfahrungen im Unterrichten von Lernenden mit DaZ-Förderbedarf oder fach- und bildungssprachlichem Unterstützungsbedarf sammeln, u.a. in DaZ-spezifischen Praxisformaten, berufsfeldbezogenen Praxisstudien, Praxissemestern oder anderen schulpraktischen Studien (vgl. Wahbe/Riemer 2020). Mit dem Ziel, sprachsensible Kompetenz zu entwickeln, soll dieser Reflexionsbogen die Studierenden an eine eigenständige Reflexion ihrer Lehrerfahrung heranführen. Die Studierenden sollen durch das Vernetzen theoretischer Studieninhalte mit praktischen Erfahrungen Reflexionsfähigkeit aufbauen. Anders als bei schulpraktischen Reflexionsaufgaben werden bei dieser Form der Unterrichtsreflexion keine allgemeinpädagogischen und fachdidaktischen Aspekte fokussiert, sondern allein sprachsensible Unterrichtsbestandteile. In den Kriterien für die Reflexion des eigenen Unterrichts finden sich vereinzelt Aspekte wieder, die gleichermaßen für beide Betrachtungsweisen – die fachdidaktische wie auch die sprachförderdidaktische – relevant sind. So gelten beispielsweise Beobachtungskriterien des Fremdsprachenunterrichts, wie z.B. die „Unterrichtssprache", die „Klarheit der Arbeitsaufträge" und die „Interaktion mit Schülerinnen und Schülern" (Pfeiffer 2019, 76), genauso für den sprachsensiblen Unterricht. Empirische Untersuchungen von Begleitveranstaltungen zu schulpraktischen Studien, die zur Erhöhung von Reflexionskompetenz bei zukünftigen Lehrkräften beitragen sollen (vgl. Leonhard/Rihm 2011), kommen überwiegend zu dem Ergebnis, dass aus Reflexionen noch keine methodisch-didaktischen Konsequenzen entstehen, die für eine Kompetenzentwicklung nutzbar gemacht werden können. Auch in der o.g. Studie lässt sich nicht beobachten, dass die kritische Betrachtung der eigenen Praxiserfahrung zu einer bewussten und sicheren Planung und Umsetzung von sprachförderlichem Unterricht führt. Jedoch sind vor dem Hintergrund der o.g. Zwischenergebnisse drei Entwicklungsgegenstände für die sprachsensible Kompetenzentwicklung identifiziert worden, nämlich:

- Die Sprache der Lehrkraft.
- Die Sprache des Unterrichts.
- Der Einsatz von Scaffolding.

Mithilfe des Reflexionsbogens sollen die Lehramtsstudierenden, entlang dieser drei Reflexionsschwerpunkte, das Prinzip des Scaffoldings (vgl. Gibbons 2002; Kniffka 2012) – also „die sukzessive Unterrichts- und Aufgabensequenzierung und vorübergehende, lernprozessorientierte Bereitstellung von sprachfördernden Hilfsmitteln (sog. ‚Scaffolds‘) – sowie andere Merkmale des sprachsensiblen Fachunterrichts" kennen, anwenden und reflektieren lernen, um DaZ-Kompetenz für den sprachsensiblen Fachunterricht zu entwickeln (vgl. Wahbe/Riemer 2020, 200). Erste Evaluationsergebnisse zeichnen ab, dass der Reflexionsbogen zur Anbahnung von Reflexivität für sprachsensiblen Fachunterricht beitragen und somit die DaZ-Kompetenzentwicklung reflexivbegleitend unterstützen kann (vgl. Wahbe/Riemer 2020, 205). Komplexität und Handlungsdruck unter den Bedingungen der Heterogenitätsdimensionen Migrationsgeschichte und DaZ-Förderbedarf werden bewältigbarer, Unsicherheiten lösen sich sukzessive auf und sprachsensible Kompetenz wird sichtbar aufgebaut. So berichten die Studierenden beispielsweise, dass sie durch die Arbeit mit dem Reflexionsbogen *„detailliert und intensiv über den sprachsensiblen Fachunterricht [...] reflektieren"* und eigene *„Verbesserungen herbeiführen"* können (vgl. Wahbe/Riemer 2020, 206). Die Erfahrungen mit dem Reflexionsinstrument (als Teil eines Reflexionskonzepts) und die Rückmeldungen der Praktikantinnen und Praktikanten zu diesem und weiteren Reflexionselementen weisen darauf hin, dass eine stärker angeleitete Reflexion und reflexive Prozessbegleitung die DaZ-Kompetenzentwicklung im Bereich des sprachsensiblen Unterrichtens verbessern können. Solche Beobachtungen lassen vermuten, dass der Einsatz des Reflexionsbogens gleichermaßen angehenden Lehrkräften und ihren Ausbilderinnen und Ausbildern sowie auch Schülerinnen und Schülern mit DaZ und bildungssprachlichem Unterstützungsbedarf zugutekommen kann. Dies bestärkt die Notwendigkeit und Weiterentwicklung reflexiver Elemente und Materialien in der Lehrkräftebildung. Die hochschuldidaktischen Materialien, die im Rahmen der Forschungs- und Entwicklungsstudie *BiProDaZ_FörBi* entwickelt werden, durchlaufen momentan weitere Erprobungen und Anpassungen und sollen in der Lehrkräftebildung zur Sensibilisierung für die Sprachförderung im Fachunterricht eingesetzt werden.

Literatur

Berndt, Constanze/Häcker, Thomas H. (2017): Der Reflexion auf der Spur. Über den Versuch, Reflexionen von Lehramtsstudierenden zum Forschungsgegenstand zu machen. In: Berndt, Constanze/Häcker, Thomas H./Leonhard, Tobias (Hrsg.): *Reflexive Lehrerbildung revisited. Traditionen – Zugänge – Perspektiven.* Studien zur Professionsforschung und Lehrerbildung. Bad Heilbrunn, 240–253.

Brandhorst, Andre/Goerigk, Paul/Schöning, Anke/Dempki, Carolin (2018): Zwischen Forschung und Praxis – Das Praxissemester aus der Perspektive von Lehrenden der Fachdidaktiken. In: Artmann, Michaela/Berendonck, Marie/Herzmann, Petra/Liegmann, Anke (Hrsg.): *Professionalisierung in Praxisphasen der Lehrerbildung.* Qualitative Forschung aus Bildungswissenschaft und Fachdidaktik. Bad Heilbrunn, 93–111.

Bildung in Deutschland (2014; 2016; 2018). Nationaler Bildungsbericht. Verfügbar unter: https://www.bildungsbericht.de/de/nationaler-bildungsbericht [29.10.2019].

Bildungsmonitor (2019): Ökonomische Bildung und Teilhabechancen. Studie im Auftrag der Initiative Neue Soziale Marktwirtschaft (INSM). Erschienen am 05.08.2019. Köln: Institut der deutschen Wirtschaft Köln.

Ehmke, Timo/Hammer, Svenja/Köker, Anna/Ohm, Udo/Koch-Priewe, Barbara (Hrsg.). (2018): *Professionelle Kompetenzen angehender Lehrkräfte im Bereich Deutsch als Zweitsprache.* Münster; New York.

Gibbons, Pauline (2002): *Scaffolding Language, Scaffolding Learning. Teaching Second Language Learners in the Mainstream Classroom.* Portsmouth, NH.

Hinrichs, Beatrix/Riemer, Claudia (2004): Das Bielefelder Projekt „Förderunterricht für Schülerinnen und Schüler nicht deutscher Herkunftssprachen" und sein Potential innerhalb der Reform der Lehrerausbildung. In: Wolff, Armin/Ostermann, Torsten/Chlosta, Christoph (Hrsg.): *Integration durch Sprache,* 73. Regensburg, 223–233.

Hochschulrektoren- und Kultusministerkonferenz (2015). Lehrerbildung für eine Schule der Vielfalt – Gemeinsame Empfehlung von HRK und KMK. Verfügbar unter: https://www.schulministerium.nrw.de/docs/Recht/LAusbildung/KMK-Beschluesse/Schule-der-Vielfalt.pdf [29.10.2019].

Kernlehrpläne und Richtlinien des Landes Nordrhein-Westfalen (KLP NRW). Verfügbar unter: https://www.schulentwicklung.nrw.de/lehrplaene/ [29.10.2019].

Kniffka, Gabriele (2012): Scaffolding – Möglichkeiten, im Fachunterricht sprachliche Kompetenzen zu vermitteln. In: Michalak, Magdalena/Kuchenreuther, Michaela (Hrsg.): *Grundlagen der Sprachdidaktik Deutsch als Zweitsprache*. Baltmannsweiler, 208–225.

Lehrerausbildungsgesetz (LABG) des Landes NRW vom 12. Mai 2009 (zuletzt geändert durch Gesetz vom 21. Juli 2018) unter § 2 Abs. 2; § 11 Abs. 8. Verfügbar unter: https://www.schulministerium.nrw.de/docs/Recht/LAusbildung/LABG/LABGNeu.pdf [29.10.2019].

Leonhard, Tobias/Rihm, Thomas (2011): Erhöhung der Reflexionskompetenz durch Begleitveranstaltungen zum Schulpraktikum? Konzeption und Ergebnisse eines Pilotprojekts mit Lehramtsstudierenden. In: *Lehrerbildung auf dem Prüfstand*, 4, H.2, 240–270. Verfügbar unter: https://www.pedocs.de/volltexte/2018/14722/pdf/LbP_2011_2_Leonhard_Rihm_Erhoehung_der_Reflexionskompetenz.pdf [29.10.2019].

Pfeiffer, Alexander (2019): Videobasierte Reflexion in den Praxisphasen des Lehramtsstudiums. In: Schöning, Anke/Krämer, Astrid (Hrsg.): *Schulpraktische Studien 4.0 – Chancen und Herausforderungen der Digitalisierung bei der Ausgestaltung und Begleitung von Praxisphasen im Lehramtsstudium*. Leipzig-Holzhausen, 69–79.

Riemer, Claudia (2017a): DaZ und Inklusion – Gemeinsamkeiten und Unterschiede. Ein fachpolitischer Positionierungsversuch aus der Perspektive des Fachs DaF/DaZ. In: Becker-Mrotzek, Michael/Rosenberg, Peter/Schroeder, Christoph/Witte, Annika (Hrsg.): *Deutsch als Zweitsprache in der Lehrerbildung*, 2. Münster, 171–186.

Riemer, Claudia (2017b): Zur Berücksichtigung der Heterogenitätsdimension Migrationsgeschichte/DaZ-Förderbedarf in der deutschen Inklusionsdebatte. In: Burwitz-Melzer, Eva/Königs, Frank G./Riemer, Claudia/Schmelter, Lars (Hrsg.): *Inklusion, Diversität und das Lehren und Lernen fremder Sprachen*. Tübingen, 230–241.

Roters, Bianca (2012): *Professionalisierung durch Reflexion in der Lehrerbildung. Eine empirische Studie an einer deutschen und einer US-amerikanischen Universität*. Münster.

Schön, Donald A. (1990): *Educating the Reflective Practitioner*. San Francisco.

Schöning, Anke/Schwier, Volker (2014): Unterricht im Praxissemester – entwickeln, erproben, reflektieren. In: Schüssler, Renate/Schwier, Volker (Hrsg.). *Das Praxissemester im Lehramtsstudium: Forschen, Unterrichten, Reflektieren*. UTB. Vol 4168, Bad Heilbrunn, 178–215.

Wahbe, Nadia/Riemer, Claudia (2020): Zur Sensibilisierung für die Sprachförderung DaZ im Fachunterricht der Sekundarstufe. Annäherung durch reflektierte Praxiserfahrung. [inkl. Online-Supplement: Reflexionsbogen für die Reflexion über sprachsensiblen Fachunterricht]. In: *Herausforderung Lehrer_innenbildung*, 3 (2), S. 196–213. https://doi.org/10.4119/hlz-2504. Verfügbar unter: https://www.herausforderung-lehrerinnenbildung.de/index.php/hlz/article/view/2504 [28.01.2020].

Astrid Krämer

Projekte zum Themenschwerpunkt *Bildungsteilhabe* in den Praxisphasen – Profilbildung im Lehramt

Die Projekte PROMPT! und WEICHENSTELLUNG bieten Lehramtsstudieren-
den an der Universität zu Köln die Möglichkeit, ihre Praxisphasen handlungs-
orientiert und selbstwirksam in der konkreten Arbeit mit Schülerinnen und
Schülern zu absolvieren. Sie begleiten als Mentorinnen und Mentoren bildungs-
benachteiligte Kinder im Schulformübergang oder erteilen Deutschunterricht für
geflüchtete Schülerinnen und Schüler. Schon früh wird hier im Studium ein
Schwerpunkt im Themenfeld ‚Bildungsteilhabe' gesetzt.

1. Einführung

In den Bachelor-Praxisphasen des Lehramts bietet das Zentrum für LehrerInnenbildung (ZfL) der Universität zu Köln seit mehreren Jahren Projekte an,
die einen profilbildenden Schwerpunkt setzen und den Studierenden Erfahrungen eröffnen, über die ein konkreter Transfer des universitär erworbenen
Wissens in die Gesellschaft ermöglicht wird. Der Fokus liegt dabei auf aktuellen
Themenfeldern wie Bildungsteilhabe, Diversity oder Digitalisierung. Einige
Projekte finden praxisphasenübergreifend statt, indem zwei Praktika miteinander verbunden werden. Hierüber wird die intensive Auseinandersetzung
mit einem Themenfeld über einen längeren Zeitraum ermöglicht. Beispielhaft
werden für das Themenfeld *Bildungsteilhabe* nachfolgend die Projekte
PROMPT! und WEICHENSTELLUNG dargestellt. Neben Informationen zur
konkreten Umsetzung der Projekte werden zentrale Evaluationsergebnisse
vorgestellt und mögliche Implikationen für die Gestaltung von Praxisphasen
im Lehramt herausgearbeitet, die einen Beitrag zur Bewältigung von Komplexität im Professionalisierungsprozess leisten können. Für alle Projekte in den
Praxisphasen gilt, dass sie eine enge Theorie-/Praxisverzahnung bieten und

somit Studierenden handlungsorientierte Erfahrungen ermöglichen, die sowohl einen thematischen Schwerpunkt setzen als auch einen konkreten Mehrwert für die Beteiligten mit sich bringen.

2. Praxisphasen im Lehramt an der Universität zu Köln

Lehramtsstudierende in Nordrhein-Westfalen absolvieren insgesamt drei Praxisphasen: Das Eignungs- und Orientierungspraktikum (EOP) umfasst 25 Tage und findet an einer Schule statt. Das mindestens vierwöchige außerschulische Berufsfeldpraktikum (BFP) wird im pädagogischen, sozialen oder fachlichen Bereich absolviert. Beide Praktika sind in der Bachelorphase verortet. Im Masterstudium schließt sich dann das fünfmonatige Praxissemester in der studierten Schulform an, in dem die Studierenden vertiefte Einblicke in den Schulalltag erhalten und bereits eigene Unterrichtsstunden durchführen (vgl. LABG 2016, §12). Das ZfL Köln verantwortet die Organisation der Praxisphasen im Bachelor sowie die Konzeption der dazu gehörigen Begleitseminare (vgl. Krämer 2019). Zur Seminarbegleitung gehört das Führen eines E-Portfolios, das den Studierenden zahlreiche Reflexionsanlässe anbietet, die sowohl eignungsreflexive Fragestellungen aufwerfen wie auch die Verortung der praktischen Erfahrungen ermöglichen (vgl. Krämer 2016). Beide Praxisphasen haben das Ziel die Studierenden zur Reflexion ihrer Berufswahlmotivation sowie zur Ausdifferenzierung des konkreten Berufsbildes einer Lehrkraft anzuregen. Daneben finden Einblicke in außerschulische Berufsfelder statt, die mit dem Arbeitsfeld Schule verglichen und in Beziehung dazu gesetzt werden. Die Ausgestaltung der Projekte PROMPT! und WEICHENSTELLUNG ist in die Konzeption der Bachelor-Praxisphasen integriert. Obligatorische Elemente wie das Führen des Portfolios oder die Bearbeitung einer Forschungsfrage wurden aus den regulären Praktika übernommen und inhaltlich an die Projekte angepasst.

3. Themenschwerpunkte in den Praxisphasen

Die Begleitseminare der Bachelor-Praxisphasen am Standort Köln sind schulformübergreifend ausgerichtet und bieten eine Plattform zur Vorbereitung, Reflexion und Nachbereitung der praktischen Erfahrungen, die in Schule bzw. an außerschulischen Praktikumsstellen gesammelt werden. Seit mehreren Jahren werden bereits Seminare angeboten, die spezifische Themen als Schwerpunkte setzen – von Beginn an sind dies zum Beispiel Inklusion oder Internationalisierung. Aus diesen Formaten entwickelten sich Projekte, bei denen Praktikumsplatz und Seminarbegleitung kombiniert werden und die den Studierenden konkrete Erfahrungen des Transfers ermöglichen. Die Ausgestaltung der Seminare ist auf das spezifische Tätigkeitsfeld ausgerichtet und verbindet eine theoretische Fundierung des jeweiligen Themenschwerpunktes mit der Reflexion der Praxis. Beispiele für gelungene Projekte sind unter anderem die Betreuung von inklusiven Ferienfreizeiten, die Unterstützung von Schulabbrecherinnen und Schulabbrechern beim Erwerb eines Abschlusses oder auch die Mitarbeit bei der Gestaltung digitaler Prozesse an Schulen.[1] Neben dem Themenfeld Digitalisierung hat sich der Bereich Bildungsgerechtigkeit als ein Schwerpunkt herauskristallisiert, in dem mehrere Projekte verortet sind. Studierende entwickeln hier schon früh ein Bewusstsein für die Desiderate in der aktuellen Bildungslandschaft, in der Chancen weiterhin ungleich verteilt sind (vgl. Vester 2013). Zugleich können sie handelnd aktiv werden und einen konkreten Beitrag zur Verbesserung von Chancengerechtigkeit leisten. Studierende, die ein projektbezogenes Seminar zur Praktikumsbegleitung belegen, entscheiden sich hierbei in der Regel für Tätigkeiten, die höhere zeitliche Ressourcen und Verbindlichkeiten erfordern als ein regulärer Praktikumsplatz. Dafür bieten die Projekte besondere Möglichkeiten der Selbstwirksamkeit und Chancen zur Professionalisierung, die von der Mehrzahl der beteiligten Studierenden als positiv bewertet werden.

---

1   vgl. http://zfl.uni-koeln.de/projekte-bfp.html

4. Übergänge gestalten im Projekt WEICHENSTELLUNG

Studien belegen seit vielen Jahren, dass der Bildungserfolg in Deutschland in einem hohen Maße von der sozialen Herkunft abhängt (vgl. OECD 2016). Während strukturelle Veränderungen im Bildungssystem nur langsam erfolgen, gilt es, Lehramtsstudierende schon früh für das Themenfeld Bildungsgerechtigkeit zu sensibilisieren und Möglichkeiten zum selbstwirksamen Handeln anzubieten. Im Mentoringprojekt WEICHENSTELLUNG begleiten Studierende bildungsbenachteiligte Kinder von Klasse vier bis sechs über einen Zeitraum von drei Jahren im Übergang an die weiterführende Schule (vgl. Krämer/Quidde 2017). Es handelt sich um Kinder, die das Potenzial für einen höheren Schulabschluss aufweisen, hierbei aber Unterstützung benötigen, die im Elternhaus aus unterschiedlichen Gründen nicht angeboten werden kann. Die Studierenden absolvieren beide Bachelor-Praxisphasen im Projekt, wodurch eine umfangreiche Seminarbegleitung ermöglicht wird (vgl. Krämer 2019). Alle Studierenden im Projekt betreuen jeweils drei Kinder, die sie einmal wöchentlich im Unterricht sowie am Nachmittag in einer Kleingruppe begleiten. Einmal im Monat finden Ausflüge statt, bei denen kulturelle Einrichtungen wie Museen oder Theater besucht werden. Auch erlebnispädagogische Nachmittage im Wald oder ein Stadionbesuch sind Teil des Programms, das den Kindern neue Erfahrungsräume erschließt. Diesem Konzept liegt die Annahme zugrunde, dass Bildung nicht allein durch die fachliche Vermittlung einzelner Unterrichtsfächer ermöglicht wird, sondern kulturelle Teilhabe ein wesentlicher Baustein für eine umfassende Bildung darstellt. Das begleitende Seminarprogramm für die Studierenden ist multiprofessionell ausgerichtet (vgl. Peters 2019). Neben einer Lehrkraft der entsprechenden Schulform sind Expertinnen und Experten aus den Bereichen Kinderpsychologie, Museumspädagogik und Deutsch als Zweitsprache beteiligt, die zu den jeweiligen Schwerpunkten einen Input liefern. Dem Themenfeld Deutsch als Zweitsprache kommt hier eine besondere Bedeutung zu, da etwa 80% der Kinder im Projekt eine Zuwanderungsgeschichte haben. Für das E-Portfolio im Projekt WEICHENSTELLUNG wurden spezifische Reflexionsaufgaben entwickelt, die unter anderem zur Bewusstmachung der eigenen Bildungsbiographie anregen. Vielen Studierenden wird die bislang erlebte Bildungsgeschichte im

Rahmen des Projekts erstmalig bewusst. Die Heterogenität unterschiedlicher Voraussetzungen und Lebenswelten einzelner Schülerinnen und Schülern wird von den Studierenden zunehmend wahrgenommen – durch den persönlichen mehrjährigen Kontakt mit den Mentees erfolgen konkrete Einblicke in die Lebenswirklichkeit der Kinder, die über den persönlichen Horizont hinausgehen.

5. Arbeit mit geflüchteten Kindern und Jugendlichen im Projekt PROMPT!

Im Projekt PROMPT! unterstützen Studierende im Rahmen ihres Berufsfeldpraktikums geflüchtete Kinder und Jugendliche in Notunterkünften oder in Vorbereitungsklassen an Schulen – und leisten damit ebenfalls einen Beitrag zur Unterstützung von Bildungszugängen. PROMPT! wurde 2015 ins Leben gerufen, als viele geflüchtete Menschen in Köln untergebracht wurden und die Kinder in den Notunterkünften oft über viele Monate keine Schule besuchen konnten. Seither erteilen Studierende in Tandems vor Ort Deutschunterricht. Im Vorbereitungs- und Begleitseminar erwerben die Studierenden theoretisches Wissen zu Themenfeldern wie Flucht, Migration, Antirassismus sowie Deutsch als Zweitsprache (vgl. Massumi 2015), die für die Arbeit mit geflüchteten Menschen besonders relevant sind. Viele Studierende lernen in der Vorbereitung erstmalig eine rassismuskritische Perspektive kennen und überprüfen daraufhin eigene, unbewusste Denkmuster. Daneben bestehen kontinuierliche Gesprächsangebote für die Studierenden, die unter anderem von einer Kinder- und Jugendpsychologin und den Sozialarbeiterinnen und Sozialarbeitern in den Notunterkünften bereitgestellt werden. Werkstattgespräche mit ehemaligen PROMPT!-Studierenden runden das Angebot ab. Gerade in diesem Projekt sind Optionen zur Begegnung und Beratung unerlässlich, da die Studierenden zum Teil mit sehr belastenden Lebenssituationen von Kindern und Jugendlichen im Projekt konfrontiert werden. Sie lernen schon früh, dass ein multiprofessioneller Austausch eine Hilfe zur Bewältigung sein kann. Im E-Portfolio dokumentieren die Studierenden schließlich ihre praktischen Erfahrungen und setzen sie zum erworbenen theoretischen Wissen des Begleitseminars in Bezug.

6. Evaluationsergebnisse – erfolgreicher Transfer in den Praxisphasen

Beide beschriebenen Projekte werden über die ZEIT-Stiftung quantitativ wie auch qualitativ evaluiert, um Rückmeldungen über das Gelingen sowie zu bestehenden Herausforderungen zu erhalten. Hierzu wurden Fragebögen für alle Akteure im Projekt entwickelt (Studierende, Lehrkräfte, Kinder, Eltern). Mit einzelnen Beteiligten wurden in den letzten Jahren zudem Interviews durchgeführt. Im Sinne eines agilen Projektmanagements werden einzelne Bausteine unmittelbar nach der Auswertung der Ergebnisse modifiziert und weiterentwickelt. Das aktuelle, erweiterte Konzept der Seminarbegleitung in WEICHENSTELLUNG hat sich beispielsweise aus Rückmeldungen von Studierenden entwickelt, die einen größeren Bedarf an Begleitung äußerten als im ursprünglichen Konzept vorgesehen. Die Studierenden planen inzwischen gemeinsam mit der Lehrkraft den Aufbau einer Förderstunde und auch die Betrachtung der Lehrpläne der jeweiligen Jahrgangsstufen erfolgt im Rahmen einer Seminarsitzung, da viele Studierende im Laufe ihres Studiums damit noch nicht in Berührung gekommen sind.

Insgesamt werden beide Projekte sehr positiv bewertet, da die Studierenden ein hohes Maß an Selbstwirksamkeit erfahren. Im Projekt WEICHEN-STELLUNG verzeichnen mehr als 80% der Studierenden eine erhöhte Motivation für das Studium (vgl. Abb. 1). Alle Studierenden reflektieren ihre Berufswahl und lernen die Anforderungen des Lehrberufes besser kennen, womit wesentliche Ziele der Praxisphasen erreicht werden (vgl. Abb. 1):

Hohe Zustimmungswerte erfährt das Projekt auch unter den beteiligten Lehrkräften. So gaben bei einer Befragung mehr als 80% der Lehrkräfte an, dass die studentische Unterstützung zu einer gezielten Förderung der Kinder beitrage sowie den erfolgreichen Übergang in Klasse 5 unterstütze (vgl. Abb. 2).

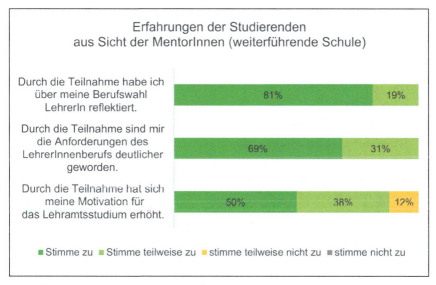

Abb. 1: Erfahrungen der Studierenden; n = 16

Abb. 2: Konzeption aus Sicht der Lehrkräfte; n = 28

Durch den häufig erstmaligen Kontakt mit geflüchteten Kinder und Jugendlichen im Projekt PROMPT! verzeichnen viele Studierende im Rückblick eine
veränderte Haltung bei sich selbst:

> *„Da ich durch die Arbeit in der Notunterkunft in den direkten Kontakt und Austausch*
> *mit ihnen gekommen bin, bin ich ihnen gegenüber noch offener eingestellt und finde*
> *umso mehr, dass geflüchtete Menschen eine große Bereicherung darstellen."* (PROMPT!-
> Studentin, Befragung Wintersemester 17/18).

Grundsätzlich wird die Möglichkeit, eine Praxisphase innerhalb des Projekts
zu absolvieren, als positiv für die eigene Professionalisierung bewertet:

> *„Ich fand es wichtig ein Praktikum zu machen außerhalb des Schulsystems, wie wir es*
> *kennen. Es weitet den Blick auf einen allgemeinen Bildungsauftrag, der eben nicht nur*
> *im Rahmen Schule stattfindet. Das BFP fokussiert sich mehr auf pädagogisches Handeln*
> *in allen möglichen Kontexten. Bei PROMPT konnte ich dieses Handeln weiterentwickeln*
> *und somit meine Lehrpersönlichkeit stärken."* (PROMPT!-Studentin, Befragung Win-
> tersemester 17/18).

Es wird deutlich, dass beide Projekte den Studierenden Möglichkeiten zur
Weiterentwicklung bieten, die sehr positiv eingeschätzt werden. Die Studierenden machen konkrete Erfahrungen in der Förderung von Schülerinnen
und Schülern und leisten einen Beitrag zur Verbesserung von Bildungschan-
cen. Die Projekte ermöglichen den Aufbau von Kompetenzen, die für den Professionalisierungsprozess relevant sind.

7. Schluss und Ausblick: Praxisphasen innovativ gestalten

Die beiden vorgestellten Projekte stehen exemplarisch für zahlreiche Möglichkeiten der innovativen Ausgestaltung von Bachelor-Praxisphasen im Lehramt
an der Universität zu Köln. Derzeit werden weitere Projekte entwickelt, die
phasenübergreifend konzipiert sind und Studierenden über zwei Praxisphasen
hinweg die Option geben einen thematischen Schwerpunkt zu vertiefen. So

entsteht gemeinsam mit der Kölner Musikhochschule ein Projekt, in dem Studierende in den Praxisphasen einen Schwerpunkt im musikalisch-künstlerischen Bereich setzen und entsprechend begleitet werden. Die Verknüpfung von thematischem Inhalt und praktischer Arbeit wird in einer zunehmend komplexen Bildungslandschaft als zukunftsweisend gesehen, da Studierende erfahren, wie sie ein Themenfeld exemplarisch erschließen und sich zu eigen machen können. In allen Projekten steht die Möglichkeit, selbstwirksam zu werden und im Praktikum aktiv handelnd einen konkreten Beitrag zu leisten, im Vordergrund. Es ist anzunehmen, dass derart gestaltete Praktika den Studierenden einen Mehrwert bieten gegenüber Praktika, die nicht selten nur Hospitationen ermöglichen. So konstatieren Arnold/Hascher/Messner (2011, 109): „Soll das Praktikum der Weiterentwicklung von angehenden Lehrpersonen dienen, so muss es Bedingungen echten Lernens bereitstellen." Die regelmäßige Projektarbeit bietet konkrete Handlungserfahrungen, die Studierenden übernehmen schon früh Verantwortung und werden tätig. Die Begleitung der Projekte trägt dazu bei, dass die erworbenen Erfahrungen reflektiert und auf die künftige Lehrtätigkeit übertragen werden können. Auf diese Weise werden die Studierenden schon früh mit komplexen Handlungssituationen konfrontiert, deren Bewältigung einen Beitrag für das erfolgreiche Arbeiten im späteren Beruf sein kann.

Literatur

Arnold, Karl-Heinz/Hascher, Tina/Messner, Rudolf/Niggli, Alois/Patry, Jean-Luc/Rahm, Sibylle (2011): Empowerment durch Schulpraktika. Bad Heilbrunn.

Krämer, Astrid (2016): Portfolioarbeit in den Praxisphasen an der Universität zu Köln. In: Boos, Maria/Krämer Astrid/Kricke, Meike (Hrsg.): Portfolioarbeit phasenübergreifend gestalten. Konzepte, Ideen und Anregungen aus der LehrerInnenbildung. Münster, 145–153.

Krämer, Astrid/Quidde, Charlotta (2017): Der Übergang in die weiterführende Schule mit WEICHENSTELLUNG – Ein Mentoring-Projekt für ViertklässlerInnen. Praxisphasen Innovativ – Konzepte für die LehrerInnenbildung. Verfügbar unter: http://zfl. uni-koeln.de/pp-innovativ.html [20.06.2019].

Krämer, Astrid (2019): Einbettung von WEICHENSTELLUNG für Viertklässler in die Praxisphasen des Lehramtsstudiums – Profilbildung in der Lehramtsausbildung. In: Dziak-Mahler, Myrle/Krämer, Astrid/Lehberger, Reiner/ Matthiesen, Tatiana (Hrsg.): Weichen stellen – Chancen eröffnen. Studierende begleiten Viertklässler im Übergang zur weiterführenden Schule. Münster, 103–113.

Krämer, Astrid (2020): Gestaltung von Praxisphasen in innovativen Modellprojekten – Profilbildung im Themenfeld Bildungsteilhabe. In: Schneider-Reisinger, Robert/ Oberlechner, Manfred (Hrsg.): Diversitätssensible PädagogInnenbildung in Forschung und Praxis: Utopien, Ansprüche und Herausforderungen. Wegmarken inklusiver Hochschulen. Leverkusen-Opladen, 128–138.

Massumi, Mona (2015): Sprachförderung für Kinder und Jugendliche in der Notunterkunft für Flüchtlinge im Rahmen des Berufsfeldpraktikums. Das Konzept und bisherige Erfahrungswerte zwischen April 2014 bis Mai 2015. Praxisphasen Innovativ – Konzepte für die LehrerInnennbildung. Verfügbar unter: http://zfl.uni-koeln.de/pp-innovativ.html [22.07.2019].

OECD (2016): Bildung auf einen Blick 2016. OECD-Indikatoren. Verfügbar unter: https://www.bmbf.de/files/Education_at_a_Glance_2016.pdf [20.06.2019].

Peters, Anne (2019): Seminararbeit im Projekt WEICHENSTELLUNG. In: Dziak-Mahler, Myrle/Krämer, Astrid/Lehberger, Reiner/Matthiesen, Tatiana (Hrsg.): Weichen stellen – Chancen eröffnen. Studierende begleiten Viertklässler im Übergang zur weiterführenden Schule. Münster, 114–123.

LZV (2016): Verordnung über den Zugang zum nordrhein-westfälischen Vorbereitungsdienst für Lehrämter an Schulen und Voraussetzungen bundesweiter Mobilität (Lehramtszugangsverordnung - LZV). Verfügbar unter: https://recht.nrw.de/lmi/owa/br_vbl_detail_text?anw_nr=6&vd_id=15620&vd_back=N211&sg=1&menu=1 [20.06. 2019].

Vester, Michael (2013). Das schulische Bildungssystem unter Druck: Sortierung nach Herkunft oder milieugerechte Pädagogik?. In: Dietrich, Fabian/Heinrich, Martin/ Thieme, Nina (Hrsg.): Bildungsgerechtigkeit jenseits von Chancengleichheit. Theoretische und empirische Ergänzungen und Alternativen zu ‚Pisa‘. Wiesbaden, 91–113.

Jutta Walke & Maria Meyer-Wehrmann

Kommunikation als Grundlage pädagogischer Prozesse in einer globalisierten Welt – Interkulturelle Diskrepanzerlebnisse als Lernanlass für Lehramtsstudierende in Kooperation mit internationalen Studierenden

Seit acht Jahren wird an der Westfälischen Wilhelms-Universität Münster (WWU) ein Seminar unter dem Titel ‚Kommunikation als Grundlage pädagogischer Prozesse in einer globalisierten Welt' durchgeführt, das Lehramtsstudierende, die ein Praktikum im Rahmen des erziehungswissenschaftlichen Begleitstudiums absolvieren müssen, und Teilnehmende der studienvorbereitenden Deutschkurse des Lehrgebiets DaF gemeinsam besuchen. Das spezifische Ziel dieses Seminars ist es, den Studierenden mittels gemeinsamer Übungen Möglichkeiten zur konkreten interkulturellen Erfahrung und Reflexion zu bieten. So erarbeiten sich die Studierenden ein vertieftes, breit angelegtes Verständnis über interkulturelle Kommunikationsprozesse und reflektieren eigene Erfahrungen.

1. Anlage des Seminars

Das von den Autorinnen konzipierte Seminar *Kommunikation als Grundlage pädagogischer Prozesse in einer globalisierten Welt* wird an der WWU von zwei Institutionen übergreifend durchgeführt: Dem Lehrgebiet Deutsch als Fremdsprache und dem Zentrum für Lehrerbildung. Im Lehrgebiet Deutsch als Fremdsprache (LDaF) der WWU Münster besuchen *internationale Studieninteressierte* Intensivsprachkurse (Niveau B1-C1 nach GER) mit dem Ziel die sprachliche Voraussetzung für ein Studium zu erlangen. Die Teilnehmenden am hier beschriebenen Seminar kommen aus dem B2-Niveau, d.h. sie sind im mittleren Teil ihrer Sprachausbildung. Die Teilnehmenden sind in der Regel in der Lage, sich flüssig über allgemeinsprachliche Themen und Themen aus ihren Interessensgebieten zu unterhalten und entsprechende Texte aus unterschiedlichen Wissensgebieten zu verstehen. Sie sind sehr offen, erste Unterrichts-/Lernerfahrungen im universitären Umfeld zu sammeln. Dabei stehen als Motive der internationalen Studierenden der Kontakt zu (muttersprachlich oder langjährig) deutschsprachigen Studierenden und die Verbesserung der eigenen Sprachkompetenz im Vordergrund. Der thematische Kern des Seminars, d.h. die Reflexion der eigenen interkulturellen Erfahrungen als Ausdruck von *Fremdheitserleben* gewinnt im Verlauf des Seminars zunehmend an Bedeutung. Die internationalen Studierenden erhalten über das Seminar einen ersten Einblick in das Arbeiten in universitären Lehrveranstaltungen, können ihre Sprachkenntnisse mit den realen sprachlichen Anforderungen im Studium abgleichen, haben die Möglichkeit durch Kontakte zu den Studierenden der Erziehungswissenschaft mehr über die WWU Münster und einzelne Studienfächer zu erfahren. Nicht zuletzt erhalten sie die Möglichkeit, ihre eigenen interkulturellen Erfahrungen in einem neuen Rahmen zu sehen und sich in Selbst-/Reflexion zu üben. Für *Lehramtsstudierende* wird das Seminar an der WWU Münster für die Begleitung des Berufsfeldpraktikums (BFP) angeboten. Das Berufsfeldpraktikum hat das Ziel, Studierenden neben dem Beruf der Lehrerin oder des Lehrers weitere alternative berufliche Perspektiven zu eröffnen oder Einblicke in für den Lehrberuf relevante außerschulische Tätigkeitsfelder zu gewähren. Auch ein Praktikum an einer Bildungseinrichtung oder auch an einer Schule im Ausland kann die angestrebte Horizonterweiterung mit Blick auf den Schuldienst in Deutschland angemessen erreichen – und wird von den Studierenden dieses Seminars daher häufig gewählt, da ein Praktikum im Ausland per se vielfältige Möglichkeiten zu interkulturellen Erfahrungen bietet. Die Lehramtsstudierenden arbeiten in diesem Seminar an der Verbesserung ihres Verständnisses von interkultureller Kommunikation sowie an ihrer Methodenkompetenz. Im Anschluss an das Seminar erfolgt für die Lehramtsstudierenden die Möglichkeit zur gezielten, auf ihr Lehramt bezogenen Reflexion bereits erlebter oder noch zu erfahrender schulischer bzw. pädagogischer Praxis. Sie setzen sich mit ihrer Rolle als angehende Lehrkräfte in einer heterogenen Gesellschaft auseinander. Den Studierenden der beiden Institutionen werden eine getrennte Vorbereitung, eine gemeinsame Blockphase sowie eine gemeinsame und getrennte Auswertung angeboten, um Erfahrungen zu sammeln, Diskrepanzerlebnisse verarbeiten und ihren Lerngewinn reflektieren zu können. Diskrepanzerlebnisse sind im Grunde etwas Alltägliches. Heftige Diskussionen um Multikulturalität zeigen dies – und das Bedürfnis angehender Lehrerinnen und Lehrer mit Multikulturalität bzw. Heterogenität besser umgehen zu können, ist groß. Im Vordergrund steht dabei oft der bewusste oder unbewusste Wunsch nach Angleichung. Dies erinnert an Bauers Einschätzung, dass Ambiguität schwer auszuhalten sei, und es daher eine Tendenz des Menschen gebe, (immer wieder) einen Zustand der Eindeutigkeit zu erreichen (Bauer 2018, S. 10ff). Hier setzt das Seminarkonzept an. In Anlehnung an Trübswasser wird im Rahmen dieses Seminars ein Verständnis „[…] ‚[des] Fremde[n]' […] als Gegenüber ‚des Vertrauten' […]" (Trübswasser o.J., S. 1) als Ausgangspunkt des Lernprozesses genommen. „Gemeint ist damit ‚das Unbekannte', das sich höchst konkret in nicht vertrauten Eindrücken, Wahrnehmungen, Gefühlen usw. manifestieren kann und in der Folge nicht selten an Menschen(gruppen) festgemacht oder ihnen zugeschrieben wird." (Trübswasser o.J., S. 1). Solche Manifestierungen werden im Seminar identifiziert und bearbeitet.

2. Ziele des Seminars

„Begegnungen mit dem Fremden können auf sehr unterschiedlichen Ebenen stattfinden: auf Reisen in andere Länder, in fremde Kulturen, aber auch in der nächsten Umgebung: sozial und geografisch. Das heißt, in meinem unmittelbaren Lebensraum gibt es jede Menge Fremdheit, und zwar nicht nur durch Migration, die Menschen aus anderen Kulturen in ‚unser' Land geführt hat, sondern wesentlich durch soziale Definitionen wie etwa durch Alter, Geschlecht, Bildung, Armut – Reichtum usw." (Trübswasser o.J., S. 1). Dementsprechend sollen Studierende mittels des Seminars für ihren jeweils eigenen Zugang zu Fremdheit(sphänomenen) sensibilisiert werden. Sie lernen dabei auch zu erkennen, dass Fremdheit bzw. die Wahrnehmung von Fremdheit zwar kulturell geprägt, aber auch individuell ist und als Bedrohung oder Chance erlebt und bearbeitet werden kann. In diesem Kontext ist ein wichtiges Anliegen die Vergegenwärtigung und Reflexion des persönlichen Toleranzbegriffs. Es geht darum zu erfassen, dass dieser dynamisch ist und einem ständigen Lernprozess unterliegt – und auch unterliegen sollte, denn: „Individuelle Entwicklung zielt darauf ab, sich die ständig wachsende Lebenswelt vertraut zu machen." (Trübswasser o.J., S.3). Das Bewusstsein über die eigene Toleranz bzw. deren Grenzen bietet den Teilnehmenden die Grundlage dafür, zu eruieren, welche Gefühle und Spannungen entstehen, wenn diese Grenzen berührt oder überschritten werden. Dabei auftretende Frustrationen und Spannungen aushalten zu können und möglichst in einem weiteren Schritt produktiv zu verarbeiten, sind wichtige Elemente für den Aufbau/Ausbau von Ambiguitätstoleranz, also der Fähigkeit, Widersprüche auszuhalten und Unterschiede zu akzeptieren. Dies ist ein weiteres zentrales Ziel des Seminars. Gleichzeitig erhalten die Studierenden damit eine Chance zur Identitätsentwicklung, denn „Ambiguitätstoleranz (…) gilt (…) auch grundsätzlich als Voraussetzung für Identitätsentwicklung, erfordert doch jedes Aushandeln von Identität eine Integration sehr stark divergierender Aspekte" (Ertl/Gymnich, S.65). Begegnungen im Seminar in immer wechselnden Konstellationen bieten den Teilnehmenden ein breites Übungsfeld, um den Umgang mit den eigenen und den Grenzen der anderen zu erproben und zu reflektieren. So soll geübt werden, Gefühle, die durch das Erleben von Fremdheit/Nicht-Vertrautem ausgelöst werden, zu spüren und eventuell empfundene Verunsicherungen, Ängste und Widersprüchlichkeiten zu ertragen. Dieser dynamische Lernprozess kann in weiteren Schritten zu einer Integration der als Ambivalenzen empfundenen Gefühle in die eigene Identität führen und damit einen Zugewinn an eigener Handlungskompetenz entstehen lassen, denn „wer in Kontakt tritt zu seinen versteckten Ängsten und Aggressionen (…) und damit umgehen lernt (…) erkennt und anerkennt die Differenz auch beim Anderen, d.h. er unterliegt nicht (mehr) dem Druck, mittels einer harmoniesüchtigen Weltsicht die Ambivalenz des Selbst zu kompensieren." (sowionline.de 2019, S.3). Diese dann gelungene Integration in die eigene Identität kann zu einem wertfreieren, reflektierten Umgang mit dem *Fremden* führen. Gerade „eine globalisierte Welt mit ihren Entgrenzungen braucht die Fähigkeit, Ohnmacht zu regulieren, Differenz anzuerkennen und Spannungen auszuhalten. Das bedeutet eben auch, Ambivalenz handhaben zu können" (Huff-Müller 2019, S.91). Konkret sollen die Teilnehmenden im Kontext des Seminars durch erfolgreichen Umgang mit Ambiguitäten/Ambivalenzen ihre Kompetenzen für ein erfolgreiches Miteinander in unterschiedlichen Arbeitskontexten, wie z.B. dem schulischen Alltag oder der Arbeit in multikulturellen Teams, erweitern.

3. Überlegungen zum methodischen Aufbau

Im Mittelpunkt des Seminars steht die Begegnung mit anderen, um davon ausgehend Möglichkeiten zu schaffen, dem Thema *Fremdheit* in konkreten Situationen zu begegnen, d.h. die Begegnung im Seminar ist gleichzeitig Thema des Seminars, das Seminar ein Möglichkeitsraum, um Fremdheits-Erfahrungen zu erleben und zu verarbeiten. So können theoretische Inhalte durch konkretes Erleben und Reflektieren verdeutlicht und erfahrbar gemacht werden. Dabei ist ein wichtiges Anliegen trotz divergierender Voraussetzungen der Teilnehmenden (sprachlich, fachlich, persönlich) eine *Begegnung auf Augenhöhe* zu initiieren. Ziel ist es mögliche strukturelle Ungleichheiten durch entsprechende Seminarübungen zu verringern. So beginnt das Seminar mit einer für alle Teilnehmenden herausfordernden Kennenlern- und Vorstellungsphase, sodass unabhängig von Herkunft oder Vorwissen erste Diskrepanzerlebnisse möglich sind. Auch ist das Ankerthema des ersten Tages *Erziehung* so gewählt, um allen Studierenden eine inhaltliche Beteiligung zu ermöglichen, denn alle verfügen in diesem thematischen Feld über eigene Erfahrungen. Darüber hinaus werden Übungen mit weniger Sprachanteil durchgeführt (wie z.B. auch eine pantomimisch-gestische), um dem Medium Sprache nicht eine vorherrschende Rolle zukommen zu lassen. Durch eine Rhythmisierung des Seminars im Sinne einer Wellenbewegung, einem ständigen Wechsel zwischen Theorie und Praxis, zwischen Phasen der Vertrautheit und Phasen des Fremdheitserlebens als Ausdruck von Gemeinsamkeit und Getrenntheit, einem Wechsel zwischen kognitiven und emotional-affektiven Elementen, Agieren und Reflektieren (konkret Wechsel zwischen praktischen Übungen/Begegnungen und Aufarbeitung des Erlebten) und einem Wechsel von Begegnungsformen (Einzelpersonen und Gruppen) wird eine Dynamik initiiert, die vielfältige, unterschiedliche Erfahrungsräume bietet und in dieser Konzentriertheit herausfordernd für das eigene Erleben und dessen Verarbeitung sind. Dieser Dynamik wird bewusst mit einer längeren Pause zwischen den Seminartagen als Gegengewicht begegnet. In dieser Ruhephase soll sich das Erlebte setzen und die Verarbeitung/Lernprozesse gefördert werden. Gleichzeitig bietet die vorgegebene Struktur und Begleitung durch das Leitungsteam Grenzen und somit Konstanz und Sicherheit, um eventuelle Irritationen bei einzelnen Teilnehmenden auffangen zu können. Diese können zudem in den für die Gruppen getrennt durchgeführten Nachtreffen aufgearbeitet werden. Der methodische Aufbau und die Inhalte der einzelnen Seminarelemente dienen dazu, einen Lernprozess anzustoßen, der die Kompetenzen der Teilnehmenden erweitern und einen reflektierten und auf Gleichwertigkeit beruhenden Umgang mit dem "Fremden" ermöglichen soll, im Idealfall im Sinne einer Weiterentwicklung der eigenen Identität. Inwieweit diese Entwicklungsschritte im Seminar gemacht werden und inwieweit der Aufbau neuer Kompetenzen gelingt, ist natürlich individuell unterschiedlich und hängt von dem persönlichen Entwicklungsstand der Teilnehmenden ab, wie auch die Erfahrungsberichte zeigen.

4. Inhalte des Seminars

Im Folgenden werden zentrale, ausgewählte Inhalte der zwei gemeinsamen Blocktage des Seminars dargestellt.

4.1 Der erste Seminartag

Das Kennenlernen der Teilnehmenden erfolgt in Anlehnung an die Methode des „Open Space" (methodenpool.uni-koeln.de 2019). Zum einen geht es darum, die Teilnehmenden in eine Situation zu versetzen, die das Kennenlernen angenehm und bereichernd macht. Dabei ist die Möglichkeit zur Selbstbestimmung und -organisation wichtig. Für das vorgestellte Konzept bedeutet dies, den Teilnehmenden lediglich einen groben Rahmen vorzugeben: z.B. die Zuordnung der Gesprächs-Tandems, die Zeit. Es werden zu Beginn jeweils ein/e Studierende/r des BFP einer/m Studierenden/m des LDaF zugeordnet. Die Gesprächs-Tandems dürfen für 40 Minuten den Raum verlassen und an einem selbst gewählten Ort das Kennenlern-Gespräch durchführen. Als Impuls für den Gesprächsbeginn haben sie die Themen *Name, Alter, Familiensituation, Reiseerfahrungen* genannt bekommen. Sie kehren zurück, ohne auf die nächste Seminar-Situation vorbereitet zu sein. Die Tandems werden im nächsten Schritt aufgefordert, sich gegenseitig vorzustellen. Der Auftrag ist es, das Wichtigste zu nennen, das man über die andere Person erfahren hat, ohne sich bei der vorgestellten Person im Vorfeld über die Richtigkeit zu vergewissern. Während das Kennenlern-Gespräch i.d.R. als entspannt erlebt wird, tauchen an dieser Stelle die ersten Spannungen auf. Die vorstellende Person hadert mit der Verantwortung gleichzeitig sensibel und diskret mit Bezug auf die vorzustellende Person vorzugehen, aber auch informativ zu sprechen. Die vorgestellte Person erlebt die Spannung von Selbst- und Fremdwahrnehmung. In einer gemeinsamen Auswertung wird dies reflektiert und führt dabei unmittelbar in das nächste Thema. Es wird eine Übung zum Spannungsverhältnis von Beobachten und Bewerten durchgeführt. Zu Bildkarten, die verschiedene Lehr-Lern-Situationen darstellen, sollen die Studierenden Beschreibungen an Hand der Leitfrage *Was sehen Sie?* zufügen. Acht Bildkarten stellen Lehr-Lern-Situationen aus unterschiedlichen Ländern dar. Die Studierenden erhalten Klebezettel, auf denen sie mit einem Wort oder knappen Satz notieren, was sie auf der jeweiligen Bildkarte sehen können. Eine der größten Schwierigkeiten stellt es dabei für die Teilnehmenden dar, sich bei ihren Äußerungen auf das faktisch Beobachtbare zu beschränken. Nicht selten stellt die als Beobachtung geglaubte Äußerung eine Interpretation oder gar Wertung der Situation dar. Ein Beispiel: Auf einer Bildkarte ist eine Schulklasse in einem afrikanischen Land zu sehen. Sie besteht aus ca. 50 Kindern. Eine nicht selten vorkommende Äußerung der Studierenden zu diesem Bild lautet ‚zu große Klasse' oder ‚zu viele Kinder in einer Klasse' – obwohl weder zu sehen ist, dass es sich um Kinder einer einzigen Klasse handelt, noch ob man tatsächlich ein *zu* groß / viel konstatieren kann. Im zweiten Schritt der Übung soll der Unterschied zwischen Beobachtung und Wertung herausgearbeitet werden, indem die Klebezettel hiernach geordnet werden: Beobachtung/ Faktum vs. Interpretation/Wertung. Als Hintergrundinformation arbeiten die Studierenden mit wissenschaftlichem Textmaterial zum Thema Beobachtung. Um nach weiteren Übungen zu dem zentralen Thema *Erziehung in verschiedenen Kulturen* den ersten Blocktag mit einem Eindruck über die Bedeutung und das Verhältnis von Gemeinsamkeiten und Verschiedenheiten abzuschließen, wird ein sogenanntes *Identitätsmolekül* erstellt (in Anlehnung an myheritagelanguage.com 2019). Im Seminar läuft dies in folgender Variante ab: Zunächst stellen die Dozentinnen jeweils ihr eigenes Identitätsmolekül beispielhaft auf Moderationskarten vor. Jede Dozentin hat drei Moderationskarten mit jeweils einer Rolle, die sie innehat, beschriftet, z.b. *Mutter, Chefin, Tennis-Spielerin*. Die Studierenden werden gebeten, ebenfalls drei Karten mit Rollen zu beschriften, die sie innehaben. Die Karten werden eingesammelt, Dubletten entfernt und dann von den Dozentinnen dem Plenum im Stuhlkreis vorgelesen. Die Studierenden werden gebeten, sich immer schweigend von ihrem Platz zu erheben, wenn sie sich mit der vorgelesenen Rolle identifizieren können. Sie können sich auch dann erheben, wenn sie die Karte, die vorgelesen wurde, nicht selbst beschriftet haben. Die Studierenden werden anschließend gebeten, einen kurzen Moment stehen zu bleiben und schweigend auf das Ergebnis zu schauen. Erst am Schluss der Gesamtübung dürfen sich die Studierenden zu den so gewonnen Eindrücken äußern. In der Regel empfanden sie die zahlreich wahrgenommenen Gemeinsamkeiten als bemerkenswert – und dies angesichts unterschiedlichster Herkunft. Dies führt i.d.R. zu einer deutlich vernehmbaren Erleichterung, mit der die Studierenden den ersten Seminartag beschließen. Bis zum zweiten Seminartag gibt es eine Pause von mindestens zwei Tagen.

4.2 Der zweite Seminartag

Der zweite Seminartag beginnt mit einer Karussell-Diskussion zu der Frage *Inwiefern ist Erziehung kulturell bedingt?* – die Studierenden bringen hierzu ihre Überlegungen, die sie im Rahmen einer Hausaufgabe angestellt haben, ein. Die zwei Kreise teilen sich nach LDaF- und EW-Studierenden. Jede/r EW-Studierende kann im Rahmen von mindestens vier zweiminütigen Austausch-Sequenzen mit einem/einer LDaF-Studierenden dazu ins Gespräch kommen. Die Studierenden arbeiten im Rahmen der Karussell-Diskussion Aspekte heraus, die auf das Erziehungsverhalten im Elternhaus Einfluss haben können, wie z.B. Religion, politische Sichtweisen und Werte, ökonomische Bedingungen, das Geschlecht des Erziehenden wie des Kindes und viele weitere mehr. Zur Fundierung wird im Nachgang das Differenzlinien-Modell nach Krüger-Potratz vorgestellt:

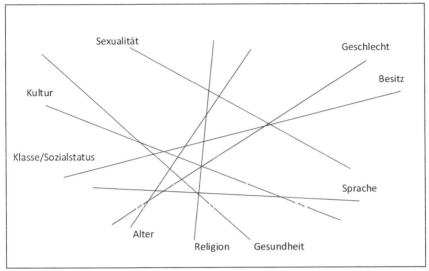

Abb. 1: Differenzlinien-Modell nach Krüger-Potratz (Nachgezeichnet aus: Krüger-Potratz 2002, S. 89)

Krüger-Potratz betont, dass die Differenzlinien „[…] nicht als Opposition, sondern als Spannungsverhältnisse zu fassen und zu theoretisieren sind." (Krüger-Potratz 2002, S. 89) Ebensolche Spannungsverhältnisse werden im Seminar für die Studierenden erlebbar sowie auch produktiv mittels gemeinsamer Reflexion bearbeitet. In Anlehnung an dieses Modell fokussiert das Seminar also zum einen nicht auf eine einzige Differenz, nämlich die kulturelle, sowie zum anderen nicht auf einen interkulturellen Ansatz des Ausgleichs- oder Gleichheitsbestrebens (ob negativ oder positiv konnotiert), sondern stellt das grundsätzliche Recht auf Differenz in den Mittelpunkt. So werden in der nächsten Seminar-Sequenz Beispiele für kommunikative Missverständnisse von den Studierenden gesucht. Studierende berichten von irritierenden Erfahrungen, die sie bei einem Auslandsaufenthalt oder in der Begegnung mit Personen anderer Herkunft gemacht haben. Die Studierenden berichten derlei Beispiele zunächst, schildern dann, welche Gefühle in dieser Situation entstanden sind und wie sie die Situation bewältigt haben, um sie im Anschluss durch die Auseinandersetzung mit einem wissenschaftlichen Text zu analysieren. Der Text aus dem Werk „Sichtwechsel" (Bachmann/Gerhold/Müller 1995, S. 13ff) zeigt auf, dass ein gelungener Kulturvergleich bestimmte Voraussetzungen erfüllen muss. Die Studierenden können sich so erklären, wie ihre ursprüngliche Deutung und die Aufklärung des Missverständnisses zu Stande kamen – und dies im weiteren Verlauf des Seminars (und als Ziel natürlich auch darüber hinaus) auf vergleichbare Situationen anwenden. Eine weitere Übung zielt darauf ab, sich der eigenen Haltung Fremden/m gegenüber bewusst zu werden. Ganz gezielt wird diesmal auf das Mittel der Sprache verzichtet: Die Studierenden sind aufgefordert, ihre/n Gedanken hierzu in einer Geste zum Ausdruck zu bringen. Für jede einzelne Person wird dies mittels eines Fotos festgehalten. In Kleingruppen werden die Fotos dann gegenseitig gezeigt, wobei die Teilnehmenden Annahmen darüber bilden sollen, was der/ die Dargestellte zum Ausdruck bringen wollte. Erneut wird bewusst, dass es Eindeutigkeit nicht gibt: weder in der Sprache noch in der Gestik und Mimik ist eine 1:1-Zuordnung von Gemeintem und Verstandenen möglich. Durch diese Übung (Steindl/Helm/Steininger/Fiala/Venus 2008, S. 52) soll die Ambiguitätstoleranz, die für gelingende (interkulturelle) Kommunikation nötig ist, in den Fokus gerückt werden. So wird deutlich, dass es z.B. nicht möglich ist, ein Urteil über die gewählte/n Geste/n zu treffen, nur weil man diese nicht auf Anhieb deuten konnte. Die gewählte/n Geste/n haben allesamt ihre Berechtigung und bleiben nebeneinanderstehen. Der Zugang zum (Selbst-)Ausdruck der anderen Person ist ausschließlich über eine fragende und akzeptierende Haltung möglich. Bevor das Seminar beendet wird, erfolgt in einer letzten gemeinsamen Übung die Reflexion des Erlebten und/oder Gelernten. Zumeist heben die Studierenden hervor, dass sie die Möglichkeit zum interkulturellen Austausch und der Auseinandersetzung mit der Frage nach gelingender Kommunikation sehr positiv sehen. Deutlich wird, dass die Studierenden die Erweiterung ihres Horizonts schätzen – ganz im Sinne Trübswassers: „Jede Begegnung mit dem Fremden erschüttert den bereits eroberten Bereich des Bekannten / Vertrauten. […] Kennenlernen können hilft, Ängste zu vermeiden oder zu vermindern. Begegnungen, die geeignet sind, in diesem Sinn Austausch zu ermöglichen, können sicherlich helfen, das Zusammenleben über nationalstaatliche und Sprachgrenzen hinweg zu intensivieren und dadurch die Chancen, die in der Vielfalt stecken, optimal zu nutzen." (Trübswasser o.J.,

S. 1f). Dies wird auch in den Reflexionen der Studierenden im Rahmen der Portfolio-Arbeit, die sich noch an das Seminar anschließt, deutlich.

5. Studierenden An- und Einsichten

Die individuellen Lerngewinne schlagen sich in den Ausarbeitungen zum Seminar, den Portfolios, nieder. An den folgenden ausgewählten Studierenden-Zitaten[1] lässt sich ablesen, welche Lernprozesse angeregt werden konnten und welche Erkenntnisse die Teilnehmenden für sich mitnehmen.

„Insgesamt hat mir sehr gut gefallen, dass in dem Seminar nicht nur theoretisch besprochen wurde, wie interkulturelle Kommunikation funktioniert, sondern dass man sie „hautnah" erleben und seine eigenen Erfahrungen mit den anderen Seminarteilnehmern teilen konnte. Auch die Reflexion über Fremdheit hat mir persönlich sehr viel weitergeholfen im Umgang mit ihr." (EW-Studierende*r)

„Das Wichtigste für mich war zu sehen, wie die Menschen viele Ähnlichkeiten haben, im Sinne von Gedanken, Wahrnehmungen und Perspektiven, obwohl sie zu den unterschiedlichen Kulturen gehören." (Studierende aus der Türkei)

„Sehr interessant fand ich vor allem zu erfahren, was den ausländischen Studierenden an uns Deutschen fremd ist. Dieser Blick auf Fremdheit mal von der ganz anderen Seite aus war für mich sehr hilfreich, weil ich mich vorher bewusst nur aus meiner eigenen Perspektive mit dem Thema „Fremdheit" auseinandergesetzt habe." (EW-Studierende*r)

„Für mich gibt es da mehrere Definitionen zum Beispiel: Wenn ich in ein fremdes Land gehe, bedeutet das für mich „anders" oder „ungewohnt" aber Wenn ich mich fremd fühle, fühle ich mich irgendwie „nicht zugehörig", „unangenehm" oder auch „missverstanden". Wenn ich eine fremde Person treffe, ist fremd „unbekannt" und

---

1 Für die verwendeten Zitate liegen die Genehmigungen der Studierenden zur Veröffentlichung vor.

das, was ich mit meinem Foto ausdrücken möchte. Wenn man das Gesicht einer Person nicht sehen kann und nicht in ihre Augen sehen kann, dann sieht man keine Gefühle und fühlt sich fremd. Mimik, Blicke und ein freundliches Wort können Grenzen überwinden und Nähe schaffen. Man ist nicht mehr fremd, wenn man kommuniziert." (Studierende aus Syrien)

Die Lernerfolge, die auf Grund des Seminars von den Studierenden erzielt werden, sind das wichtigste Anliegen. Erste Erkenntnisse für die Entwicklung des Konzepts lieferten neben den Portfolios bereits die nach Lerngruppen getrennten Auswertungsgespräche in den durchgeführten Durchläufen des Seminars. In Zukunft soll eine Evaluation fundierten Aufschluss geben.

Literatur

Bachmann, Saskia/Gerhold, Sebastian/Müller, Bernd-Dietrich (1995): Sichtwechsel neu 1,2,3: Allgemeine Einführung. München, 13–15.

Bauer, Thomas (2018): „Die Vereindeutigung der Welt. Über den Verlust an Mehrdeutigkeit und Vielfalt". 11. Auflage, Ditzingen. (Hier in der neuesten Auflage angegeben).

De Boer, Heike/Reh, Sabine (Hrsg.) (2012): Beobachtung in der Schule – Beobachten lernen. Lehrbuch. Wiesbaden.

Hacke, Axel (1996): Am Familientisch. Entnommen aus: Lundquist-Mog, Angelika: Spielarten. Arbeitsbuch zur deutschen Landeskunde. Langenscheidt, 93.

Holzbrecher, Alfred: Interkulturelles Lernen: Die Wahrnehmung des Anderen als pädagogische Herausforderung: Zur Gestaltung interkultureller Zwischenräume. Verfügbar unter: https://www.sowi-online.de/praxis/methode/wahrnehmung_anderen_paedagogische_herausforderung_zur_gestaltung_interkultureller_zwischenraeume.html [8.10.2019].

Huff-Müller, Monika (2019): Ambivalenzfähigkeit: Eine neue Herausforderung in Therapie und Gesellschaft? In: Wahl, Pit (Hrsg.): Spaltung, Ambivalenz, Integration. Göttingen, 90–111.

Konstruktiver Methodenpool: Open Space. Verfügbar unter: http://methodenpool.uni-koeln.de/openspace/frameset_open.html [23.08.2019].

Krüger-Potratz, Marianne/Lutz, Helma (2002): „Sitting at a Crossroads – rekonstruktive und systematische Überlegungen zum wissenschaftlichen Umgang mit Differenzen". In: Tertium Comparationis (8), 2, 81–92.

Materialien für den herkunftssprachlichen Unterricht: Das persönliche Identitätsmolekül. Verfügbar unter: https://myheritagelanguage.com/de/book/promoting-intercultural-competence/unit-1-culture-identity-alike-yet-different/personal-identity-molecule/ [12.09.2019].

Nungesser, Frithjof (2011): „Michael Tomasello: Auf experimentalpsychologischem Wege zu einer kognitiven Kulturtheorie". In: Moebius, Stephan/Quadflieg, Dirk (Hrsg.): Kultur. Theorien der Gegenwart. Wiesbaden, 671–682.

Steindl, Mari/Helm, Barbara/Steininger, Gertraud/Fiala, Andrea/Venus, Brigitte (2008): Interkultureller Dialog. Interkulturelles Lernen. Wien. Verfügbar unter: https://www.politik-lernen.at/dl/KtMrJMJKolOlMJqx4KJK/polis_broschuere_screenfinal_09_2008.pdf [03.03.2020]

Topsch, Wilhelm (2002): Grundwissen: Schulpraktikum und Unterricht. Neuwied/Kriftel.

Trübswasser, Gerhild: Das Eigene und das Fremde Psychoanalytische Betrachtungen zum Umgang mit dem Fremden. O.O., o.J.. Von der Autorin für das Seminar zur Verfugung gestellt.

2. Einblicke in konkrete Ausgestaltungen und Umsetzungen

2.2 Die Bedeutung von Reflexion für den Umgang mit Komplexität und Handlungsdruck

Gabriela Bitai

Qualitative Untersuchung von studentischen Reflexionen über Schulpraktische Studien

Der Beitrag perspektiviert die beiden Fragen: Wie erleben Studierende in schulpraktischen Studien Komplexität und Handlungsdruck? In welchem Verhältnis stehen Handlungsdruck und (Selbst-)Reflexion? Gegenstand ist dabei die im Rahmen einer Dissertation durchgeführte empirische Untersuchung zur Hervorbringung von Reflexivität als Kennzeichen von Komplexitätsbewältigung anhand der Rekonstruktion der Orientierungen von Lehramtsstudierenden.

1. Problemstellung

Ein einflussreiches Motiv im Diskurs um die Lehrerbildung ist die Frage nach der Quantität und Qualität der Schulpraktischen Studien mit integrierten schulischen Praxisphasen (vgl. Terhart 2011). Seitdem der Begriff *Reflexion* als Leitwort allgegenwärtig Einzug in die Rahmenrichtlinien für universitär begleitete schulische Praxisphasen gehalten hat, ist es hochschuldidaktisch geboten, Reflexionsgelegenheiten für Studierende bereitzustellen. Im Zuge dieser bildungspolitischen Reformdiskussion taucht das Portfolio in vielen Varianten, z. B. auch als Lerntagebuch, prominent in nahezu allen Rahmenrichtlinien auf (vgl. Hascher 2012). In den Vorgaben für das Verfassen von Portfolios werden größtenteils schulische Praxiserfahrungen als Grundlage zur Entfaltung von Reflexivität in den Blick genommen. Das Lerntagebuch in universitären Lernsettings ist ein introspektives Medium, in dem persönliche Erfahrungen über einen bestimmten Zeitraum aus subjektiver Sicht unmittelbar festgehalten werden (vgl. Gläser-Zikuda 2010). Gegenstand der durchgeführten Untersuchung sind eben diese Ausdrucksgestalten des Umgangs mit praktikumsbezogenen Erfahrungen. Als Ausgangspunkt für die Untersuchung standen folgende Forschungsfragen im Fokus: *In welcher Art und Weise werden bedeut-*

same Praxiserfahrungen in den Lerntagebüchern hervorgebracht? Welche Orientierungen in Bezug auf pädagogisches Handeln verknüpfen sich damit? Mithilfe der qualitativen Untersuchung wird rekonstruiert, wie Studierende Komplexität bewältigen.

2. Forschungsdesign

Die Frage nach den professionsbezogenen Orientierungen erfordert die Analyse impliziter Wissensbestände. Solch ein methodisch kontrolliertes Fremdverstehen ermöglicht die Dokumentarische Methode (vgl. Bohnsack 2001; Nohl 2001). Die Lerntagebücher entstanden während eines Praktikums, das sich innerhalb verschiedener Praktikumskonzepte in der Rubrik „Praktika mit direktem Einbezug in die Schulpraxis, Handlungsbezug und Unterrichtstätigkeit" (Makrinus 2013, 72) verorten lässt und damit der Argumentationslogik des kompetenzorientierten Ansatzes folgt. Es erstreckt sich über die ersten beiden Semester des Bachelor-Studiums, wobei die Studierenden einen Vormittag pro Woche in der Schule hospitieren. Das Praktikum wird ergänzt durch wöchentlich stattfindende, überwiegend von Lehrbeauftragten aus der Schule durchgeführte Begleitseminare. Das Lerntagebuch wurde als unbenotete Prüfungsleistung am Ende des ersten Semesters abgegeben. Den Praktikantinnen und Praktikanten stand eine Handreichung mit fakultativen Leitfragen als Denk- und Schreibstimuli zur Verfügung. Da sich in dieser offenen Form narrative Einheiten ergeben, konnte das Datenmaterial prädestiniert zur Untersuchung der pädagogischen Orientierungen herangezogen werden. Die Sichtung zahlreicher Lerntagebücher ergab durch den Abgleich der immanenten Inhalte eine Auswahl, deren Handhabe eine deutliche Kontrastierung versprach. Die Analyse begann mit demjenigen Fall, der einen aussichtsvollen Interpretationsweg verhieß. Sukzessiv wurden so lange weitere Fälle der Analyse unterzogen, bis, im Sinne der empirischen Sättigung, keine weiteren Befunde antizipierbar waren.

Im Zuge der formulierenden Interpretation ließen sich folgende Oberthemen identifizieren: *Beschäftigung mit fremdem pädagogischen Handeln, Auseinandersetzung mit eigenem pädagogischen Handeln, Erwartungen an das Praktikum, Entwicklungsperspektiven.* Der Analysefokus richtete sich auf die

Besonderheit des Falles. Dabei lenkten u.a. folgende Leitfragen die Sequenz-analyse: *Wie erleben die Praktikantinnen und Praktikanten in bestimmten Situationen beobachtetes Lehrerhandeln? Welche Herausforderungen haben die Praktikantinnen und Praktikanten zu bewältigen? Wie lösen sie vor dem Hintergrund des Rollenwechsels typische Anforderungen? Welche Zukunftsperspektiven bringen die Studierenden hervor?*

3. Ergebnisse

Durch die Abstraktion der handlungsleitenden Orientierungsmuster konnte herausgearbeitet werden, wie Studierende mit Handlungsdruck umgehen.

3.1 Komplexität

Die Komplexität der Anforderungsstruktur im Lehrberuf besteht aus zentra-len Handlungsproblemen, die den schulischen Raum strukturieren. Die struktur-theoretische Professionalisierungsvorstellung konzipiert den Professionali-sierungsprozess als *doppelte Habitualisierung* und erstrebt die Transformation grundlegender, das Handeln strukturierender Dispositionen. Im Zuge der ersten Habitualisierung geht es um die Ausbildung eines Forscherhabitus, d.h. neben dem Erwerb des entsprechenden fachwissenschaftlichen methodisier-ten Wissens insbesondere um die Verinnerlichung eines praxisfernen Proble-matisierens und Hinterfragens tradierter Handlungs- und Deutungsroutinen (vgl. Oevermann 2002). Die zweite Habitualisierung bezieht sich konkret auf die schulische Praxis mit der Ausformung eines professionellen Habitus in un-terrichtlicher Interaktion. Die Strukturtheorie geht von einer Bestimmungs-ebene der professionellen Praxis als ein Spannungsgefüge aus, in dem sich eine antinomische Figuration mit elf konstitutiven Antinomien ergibt, die zwei Gruppen zugeordnet sind: Zur ersten zählen die Spannungen zwischen anta-gonistischen Geltungsansprüchen; zur zweiten die Spannungen, die aus der widersprüchlichen Einheit von diffusen und spezifischen Sozialbeziehungen resultieren (vgl. Helsper 1996). Die Analyse der Lerntagebücher bringt zutage, welche Antinomien virulent erscheinen. Die Abbildung (Abb.1) zeigt, dass ausnahmslos in allen Fällen die *Näheantinomie* und die *Symmetrie- bzw. Machtantinomie* implizit bearbeitet werden.

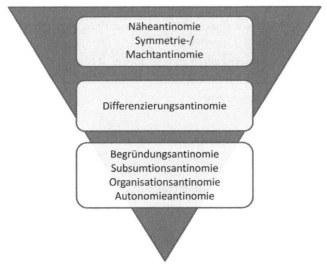

Abb. 1: Hierarchie der virulenten Antinomien

Hierbei ist interessant, dass die Kernantinomie *Autonomie/Heteronomie*, die seit der Kant'schen Frage nach der Kultivierung der Freiheit bei dem Zwange aktuell erscheint, kaum thematisiert wird. Da Antinomien mit ihren Handlungsdilemmata bekanntlich nicht aufgehoben werden, sondern nur reflexiv gehandhabt werden können, avanciert die Reflexionsfähigkeit zur professionstheoretischen Schlüsselkategorie bei Bewältigung der Handlungskomplexität.

3.2 Orientierungen

Die bisherigen Befunde der Fallanalysen wurden akzentuiert zur Explikation gebracht und beschreiben die darin zum Ausdruck kommenden individuellen Orientierungen.

Fall 1: Infantilisierende Prima-inter-pares: Sie zeigt ein diffuses Rollenverständnis, das sich aus einem inhomogenen Bild von Professionalität speist. Durch die Übertragung der Projektionen eigener kindlicher Wünsche dokumentiert sich eine starke Infantilisierung. Sie ist überzeugt von ihrer eigenen Wirkung. Ihr Professionsverständnis ist auf die Wirkung der Persönlichkeit fokussiert und weist einen aktiv-gestaltenden Habitus auf, der sich auf einer grundsätzlichen Offenheit zum Feld gründet. Im Zentrum ihrer Auseinandersetzung stehen die überhandnehmenden Beziehungsansprüche der Kinder. Von der vehement eingeforderten Nähe fühlt sie sich überfordert und sieht das professionelle Verhältnis durch die Vereinnahmung gestört. Sie will als Lehrerin mit professioneller Distanz und gleichzeitig als freundschaftliche Person wahrgenommen werden, hadert dabei mit der Disziplinierung wegen der damit einhergehenden Erzeugung von Distanz. Gemäß ihres Denk- und Handlungsmusters möchte sie ebenso Anführerin wie Kameradin der Schülerinnen und Schüler sein. Es dokumentiert sich der Wunsch, eine Prima-inter-pares innerhalb der Gruppe zu sein. Ihre Orientierung schwankt zwischen der Sehnsucht nach einer ebenbürtigen und der Unabwendbarkeit einer asymmetrischen Beziehung.

Fall 2: Paidotrope Nostalgikerin: Ihre primäre Orientierung ist die sehnsuchtsvolle Hinwendung zu ihrer eigenen Grundschulzeit. Innerhalb dieser nostalgischen Orientierung dient ihr das glorifizierte Porträt ihrer eigenen Grundschullehrerin als Vorbild eines anerkennenden Umgangs und als Ziel ihrer beruflichen Umsetzung. Aus diesem Idealbild speist sich ihre paidotrope Orientierung. Im Praktikum erkennt sie schmerzlich eine Diskrepanz zwischen den idealisierten Erinnerungen und der als konfliktträchtig empfundenen Schul-Realität. Da sie sich mit der Aggression einiger Schüler konfrontiert sieht, befürchtet sie Kontrollverlust und handelt entgegengesetzt zu ihrem Idealbild. Ihre Scheiternserfahrung aufgrund der von ihr wahrgenommenen Unfähigkeit bildet eine krisenhafte Erfahrung in Bezug auf ihren beziehungsorientierten Habitus. Die Notwendigkeit, Führungsqualitäten zu entwickeln, kristallisiert sich für sie als zentrale Anforderung heraus. Ihre Erwartung des Professionalisiert-Werdens zeigt sich in einer defensiven Haltung. Sie sieht sich selbst als unterweisungsbedürftige Schülerin und hofft auf das Erlernen eines differenzierten Handlungsrepertoires.

Fall 3: Fraternisierender Pädagoge: Seine Verbindung mit dem Lehrerberuf ist von Ambivalenz gekennzeichnet. Er vertritt seine Vergangenheit als renitenter Schüler selbstbewusst und findet eine solche Veröffentlichung vertretbar –

mehr noch: Er sieht sie sogar als Prädikat seiner Lehrerpersönlichkeit. Die durch Beziehungsstörungen gekennzeichnete Schulkarriere äußert sich als Verständigungs- und Anerkennungsbasis für sein aktuelles pädagogisches Handeln. Mit Schülern private Gespräche zu führen, steht für ihn beim Aufbau von Beziehungen im Vordergrund. Seine Vorstellung einer gegebenen Passung seiner Lehrerpersönlichkeit in Bezug auf die Gestaltung eines Arbeitsbündnisses zeigt sich in dem Bestreben, eine authentische Beziehung aufzubauen, die im Orientierungsrahmen einer fraternisierenden Pädagogik steht. Seine Orientierung fokussiert sich auf die Förderung sozial und emotional benachteiligter Schülerinnen und Schüler, wobei sich eine starke Affinität zu dieser Schülerklientel dokumentiert. Er schränkt den Bildungswert des Studiums als Bildungsraum ein, da dort die für den Beruf notwendigen Fähigkeiten nicht vermittelbar wären. Dominant sind die Deutung der Studienanforderung als abzuarbeitende institutionelle Anforderung und die Bemühung, diese so schnell wie möglich zu bewältigen.

Fall 4: Konservativer Schulmeister: Er begibt sich mit einer handlungsschematischen Orientierung in das Lehramtsstudium. Dabei wird sein Wunsch nach einer Art technokratischer Wissensverwendung unverkennbar. Zunächst zeigt er prinzipiell Bereitschaft, die sich ihm stellenden Anforderungen anzunehmen und zu bearbeiten. Seine anfängliche Offenheit zum Feld ändert sich im Laufe des Praktikums, als er erkennt, dass keine Musterlektionen gegeben werden. Es zeigt sich die Orientierung an einer Ausbildungsform im Sinne der antiquierten Meisterlehre, in der sich das Lernen darauf beschränkte, berufspraktische Fertigkeiten durch Belehrung und Anschauung des Schulmeisters zu erwerben. Seine Orientierung an Führungsqualitäten und Durchsetzungsfähigkeit sowie an der Gestaltung einer disziplinierten Arbeitsatmosphäre korrespondiert mit der Orientierung am festgelegten Bild von Professionalität als Kombination von fachlicher Expertise und angeborener Grundsicherheit, woraus sich keinerlei Notwendigkeit für eine eigene weitere Entwicklung ergibt.

Fall 5: Problematisierender Anthropologe: Sein Praktikum ist geprägt von wechselnden Orientierungsprozessen in der durch den Perspektivwechsel für ihn neuen Institution. Fremdheitsgefühle und Irritationen entstehen und lösen sich nur teilweise auf. In Bezug darauf zeigt sich sein Orientierungs rahmen in Form eines Auslotens von Passung in einem fremden Milieu. Er überdenkt sein Bild von Professionalität in der Konfrontation mit der Schulrealität. Er versucht geradezu, sich die Strukturen des Lehrerberufs einzuverleiben, indem er intensiv beobachtet und nachdenkt. Noch findet er keine Passung zu seiner habituellen Struktur. Er sucht nach einer Möglichkeit zur Anwendung von Prinzipien und findet für sich noch keine befriedigenden Antworten, sondern hinterlässt viele offene Fragen. Grundsätzlich ist er darauf bedacht, Schülerinnen und Schüler in ihrer Arbeitsweise und in ihren Denkprozessen zu verstehen, und er möchte sich lehr- und lerntheoretisches Wissen aneignen. Beobachtungen werden aus der gebotenen Forschungsdistanz gesammelt für seine anthropologischen Studien. Dabei zeigt er eine Orientierung an Selbstbildung und setzt sich selbstdistanziert mit der erlebten Praxis auseinander.

3.3 Typologie

Da die Vergleiche mehrdimensional angelegt sind, dokumentiert sich in den Fällen nicht nur jeweils ein einziger Orientierungsrahmen, sondern mehrere zugleich. Ein Fall repräsentiert nicht bloß einen einzigen Typus, sondern ein „abstraktes Konjunkt mehrerer Typen innerhalb einer mehrdimensionalen Typologie" (Kreitz 2010, 96). Bei der Herausarbeitung der Kontraste zwischen den Fällen auf der Basis des abstrahierten, gemeinsamen Orientierungsrahmens wurden unterschiedliche Modi in Bezug auf den gemeinsamen Orientierungsrahmen deutlich. Zusammenfassend differenziert die Typenbildung vier Typen aus: (1) den *Modus der Selbstfokussierung*, der bedeutend an eigenen Erlebnissen und Idealen orientiert ist und eigene normative Ausgangspunkte nicht hinterfragt; (2) den *Modus der Sozialität*, der sich an Fremderwartungen und den Erkenntnissen signifikanter biografischer Anderer orientiert und vorwiegend im Alltagsmodus reflektiert; (3) den *Modus der Stagnation*, der Begriffe der Professionalität durch jene der Gabe und Neigung ersetzt und Ungewissheiten meidet, indem er eine dominant normierende Haltung einnimmt; (4) den *Modus der Transformation*, der Fragen an sich selbst formuliert und sie in Forschungsfragen transformiert, die an wissenschaftsorientierten Erkenntnissen orientiert sind (vgl. Bitai, 2017).

4. Diskussion

Durch die Untersuchung konnte ein Konstrukt entwickelt werden, das erläutert, in welchen Modi die Relativierung individueller subjektiver Sichtweisen und deren kritische Hinterfragung stattfinden. Dieses kann hilfreich für die hochschuldidaktische Entwicklung sein, indem es als Grundlage für eine diagnostische Einschätzung dient. Diese könnte überführt werden in eine Empfehlung für den weiteren studentischen Professionalisierungsprozess und in die Planung von Angeboten für spezifische, eventuell extracurriculare Seminarveranstaltungen. Mit einem solchen individuellen Professionalisierungsvorhaben könnte der Anspruch, berufsfeld-, anwendungs- und reflexionsbezogen Praxiserfahrung zu reflektieren, im untersuchten Forschungsfeld kontrollierbar umgesetzt werden. Dennoch bleibt die Frage, welche thematischen Schwerpunkte aus universitären Studieninhalten und professionellem Wissen aus dem schulischen Feld vermittelt werden sollten. Die Stärke der Schulpraktischen Studien liegt eben in der Eröffnung von Erfahrungs- und Reflexionsräumen und nicht in restringierten Formen, die ein scheinbar kontrolliertes Praktikum ermöglichen. Es zeigt sich neben allen professionstheoretischen Anschauungen, dass quer zu den Typen die Bereitstellung von handlungsentlasteten, reflexiven und kommunikativen Räumen einen entscheidenden Gesichtspunkt zur Professionalisierung darstellt und damit die Schulpraktischen Studien als ein wesentliches Angebot markiert, das von den Studierenden unter vielfältigen Aspekten sinnvoll genutzt werden kann, wenn sie professionalisierungsförderlich begleitet werden.

Literatur

Bitai, Gabriela (2017): Pädagogische Orientierungen von Lehramtsstudierenden – eine qualitative Untersuchung zum ersten Schulpraktikum. Dissertation, Flensburg: Zentrale Hochschulbibliothek. Verfügbar unter: http://www.zhb-flensburg.de/?23260 [29.10.2019].

Bohnsack, Ralf (2001): Typenbildung, Generalisierung und komparative Analyse. Grundprinzipien der dokumentarischen Methode. In: Bohnsack, Ralf/Nentwig-Gesemann, Iris/Nohl, Arnd-Michael (Hrsg.): Die dokumentarische Methode und ihre Forschungspraxis. Grundlagen qualitativer Forschung. Opladen, 225–252.

Gläser-Zikuda, Michaela (Hrsg.) (2010): Lerntagebuch und Portfolio aus empirischer Sicht (Erziehungswissenschaft, Bd. 27). Landau.

Hascher, Tina (2012): Zur Funktion von Lerntagebüchern in der Lehrer/innenbildung – Potentiale fur die Ausbildung und die Lehr-Lernforschung. In: Hascher, Tina/Katstaller, Michaela/Kittinger, Cornelia (Hrsg.): Reform der Lehrerbildung in Deutschland, Österreich und der Schweiz. Teil 1: Analysen, Perspektiven und Forschung. Wiesbaden, 117–140.

Helsper, Werner (1996): Antinomien des Lehrerhandelns in modernisierten pädagogischen Kulturen. Paradoxe Verwendungsweisen von Autonomie und Selbstverantwortlichkeit. In: Combe, Arno/Helsper, Werner (1996): Pädagogische Professionalität. Untersuchungen zum Typus pädagogischen Handelns Bd. 1230, 1. Aufl. Frankfurt am Main, 521–569.

Kreitz, Robert (2010): Zur Beziehung von Fall und Typus. In: Ecarius, Jutta/Schäffer, Burkhard (Hrsg.): Typenbildung und Theoriegenerierung. Methoden und Methodologien qualitativer Bildungs- und Biographieforschung. Opladen und Farmington Hills, 91–115.

Makrinus, Livia (2013): Der Wunsch nach mehr Praxis. Zur Bedeutung von Praxisphasen im Lehramtsstudium (Studien zur Schul- und Bildungsforschung, Band 49). Wiesbaden.

Nohl, Arnd-Michael (2001): Interview und dokumentarische Methode: Anleitungen für die Forschungspraxis. Wiesbaden.

Oevermann, Ulrich (2002): Professionalisierungsbedürftigkeit und Professionalisiertheit pädagogischen Handelns. In: Kraul, Margret/Marotzki, Winfried/Schweppe, Cornelia (Hrsg.): Biographie und Profession, 19–64.

Terhart, Ewald (2011): Lehrerberuf und Professionalität: Gewandeltes Begriffsverständnis – neue Herausforderungen. In: Helsper, Werner/Tippelt, Rudolf (Hrsg.): Pädagogische Professionalität. Zeitschrift für Pädagogik (57. Beiheft), 202–224.

Svenja Fukuta & Sandra Wendland

Handlungsdruck im Kontext Schulpraktischer Studien – Überforderung oder ein realistisches Bild des Lehrberufs? (Eignungs-)reflexive Instrumente in den Praxisphasen des Lehramtsstudiums an der Universität zu Köln

Die Schule als Arbeitsplatz systematisch erkunden und den Alltag einer Lehrkraft in seiner Komplexität wahrnehmen und reflektieren – dies sind die wesentlichen Ziele der ersten schulischen Praxisphase im Lehramtsstudium an der Universität zu Köln. Der vorliegende Beitrag skizziert die Konzeption der Begleitung der universitären Praktika und stellt einige Aspekte vor, um diese Ziele seitens der Hochschule zu unterstützen.

1. Rahmenbedingungen des Lehramtsstudiums an der Universität zu Köln

An der Universität zu Köln studieren ca. 15.000 Studierende einen Lehramtsstudiengang für die Schulformen Grundschule, Haupt- Real-, Sekundar- und Gesamtschule, Gymnasium und Gesamtschule, Berufskolleg und sonderpädagogische Förderung. Dabei studieren sie an mehreren Fakultäten, teilweise auch an den kooperierenden Hochschulen, der Deutschen Sporthochschule (DSHS) oder der Hochschule für Musik und Tanz (HfMT), wodurch bis zu eintausend verschiedene Schulform- bzw. Fächerkombinationen möglich sind. Das Lehramtsstudium in Köln ist damit keineswegs auf den ersten Blick übersichtlich und stellt Studierende besonders vor und zu Beginn ihres Studiums vor große Herausforderungen. Das Zentrum für LehrerInnenbildung (ZfL) ist als zentrale Einrichtung fakultätsübergreifend organisiert und bildet die Anlaufstelle für alle Lehramtsstudierenden. Eine inhaltliche Gemeinsamkeit der lehramtsbezogenen Studiengänge sind die universitären Praxisphasen, die alle Studierenden durchlaufen und die durch das ZfL koordiniert und in den Bachelor-Praxisphasen auch inhaltlich gestaltet werden.

2. Die Praxisphasen im Lehramtsstudium

Das Eignungs- und Orientierungspraktikum (EOP) sowie das Berufsfeldpraktikum (BFP) im Bachelor und das Praxissemester im Masterstudiengang werden
von allen Studierenden absolviert. Dabei sind die Studierenden in den Seminaren lehramts- wie auch fächerübergreifend zusammengesetzt. Begleitend
führen sie ein *phasenübergreifendes Portfolio* (Portfolio Praxisphasen 2018)
und nehmen darin ihre eigene professionsbezogene Entwicklung in den Blick.

Das *Eignungs- und Orientierungspraktikum* im ersten Studienjahr zielt auf
eine reflektierte Auseinandersetzung mit dem Berufsfeld Schule ab. Die Studierenden sollen Orientierung und Klarheit über die Frage erlangen, ob das
von ihnen gewählte Studium bzw. die Studienkombination zu ihnen passt, um
so eine Perspektive für ihr Studium zu entwickeln. Hierzu sind sie für ein
25-tägiges Praktikum (vgl. LABG 2016) an einer Schule der von ihnen studierten Schulform und erhalten Einblicke in die studierten Fächer und den weiteren schulischen Alltag (Konferenzen, Pausenorganisation, Ausflüge, etc.).

Das *Berufsfeldpraktikum* im zweiten Studienjahr ist ein außerschulisches
Praktikum mit dem Ziel, Einblicke in weitere pädagogische oder soziale Berufsfelder zu erlangen, die auch im Kontext Schule relevant sind, oder ein
fachbezogenes Berufsfeld kennenzulernen. Das vierwöchige Praktikum (vgl.
LABG 2016) wird von Lehrbeauftragten begleitet, die die Studierenden durch
Reflexionsanlässe anleiten, ihre Erfahrungen mit (außer-)schulischer Komplexität kritisch und konstruktiv zu beleuchten.

Im fünfmonatigen *Praxissemester* im Masterstudium sind die Studierenden fest in den Schulalltag eingebunden. Sie werden durch die Universität in
den Bildungswissenschaften und den Fächern vorbereitet und während des
Praxissemesters am Lernort Schule durch Mentorinnen bzw. Mentoren und an
den Zentren für schulpraktische Lehrerbildung (ZfsL) durch Seminarleitende
begleitet. Das Praxissemester ist die komplexeste Praxisphase im universitären
Kontext. Aufgrund der zahlreichen Beteiligten und organisatorischen Herausforderungen entsteht ein erhöhter Druck – nicht zuletzt durch Aufwand und
Notenrelevanz des Studienprojektes (vgl. Keßler/Lawan/Metzmacher 2018) –
aber auch durch die eigenen Erwartungen der Studierenden, dem Beruf gerecht werden zu wollen(vgl. Bonsack/Friebe/Fukuta/Gardenier/Sadler 2020).

3. Das Projekt Eignungsreflexion Praxisphasen im Lehramtsstudium (ErPeL)

Der im Praxissemester nachvollziehbare Handlungsdruck u.a. durch Einsichtnahmen in den Unterricht, die zahlreichen Beteiligten, Erwartungen und organisatorischen Aufgaben ist aber auch in früheren Praxisphasen im Bachelor anzunehmen. Die Studierenden organisieren ihre Praktikumsplätze (mit Ausnahme einiger besonderer Projekte[1]) eigenständig, während die Studienorganisation und -orientierung neben finanziellen Aspekten einigen Raum einnimmt und erste pädagogische Handlungsmöglichkeiten auch schon in unterschiedlichen Formen und Umfängen im Praktikum erprobt werden. Seit dem Wintersemester 2017/18 wird das Projekt *Eignungsreflexion in der ersten Praxisphase des Lehramtsstudiums (EOP)* durchgeführt, um drei neue Instrumente zu pilotieren, die den Studierenden ermöglichen sollen, sich besonders intensiv mit ihrer Eignung und Passung zum Lehrberuf auseinanderzusetzen. Diese Instrumente sind jeweils zu verschiedenen Zeitpunkten in dem Begleitseminar für das Praktikum implementiert.

3.1 Eignungsreflexive Instrumente im Pilotseminar

Der Alltag einer Lehrkraft lässt sich kaum losgelöst davon betrachten, dass die jeweiligen Anforderungen mit entsprechenden Kompetenzen verbunden sind. Im EOP werden die Studierenden dazu angeregt, sich mit der grundsätzlichen Frage ‚Passen der Beruf und ich zusammen?‘ auseinanderzusetzen. Begleitende und nachbereitende Reflexionsanlässe sollen eine kritisch-analytische Auseinandersetzung mit dem Berufsfeld Schule und die Entwicklung eines zunehmend professionelleren Selbstkonzepts als Lehrperson fördern. In der *Vorbereitungsphase* für das EOP setzen sich die Studierenden im Rahmen einer Seminarsitzung mit alternativen Berufsmöglichkeiten zum Lehrberuf auseinander. Hierbei geht es darum, Möglichkeiten und Perspektiven aufzuzeigen,

---

1 Weitere Informationen zu den Praxisphasen und Projekten sind online verfügbar: https://zfl.uni-koeln.de/eignungs-orientierungspraktikum.html bzw. https://zfl.uni-koeln.de/berufsfeldpraktikum.html

die im Falle von Studienzweifeln den Studierenden eine Umorientierung erleichtern sollen. In der Nachbefragung gaben 27% der Studierenden an, dass diese Seminarsitzung sehr hilfreich für ihre Selbstreflexion und die Auseinandersetzung mit der Eignungsfrage für den Beruf war, 35% beurteilen sie als eher hilfreich (n=116)[2]. Während der *Praktikumsphase* stellt das 60-minütige Speed-Coaching das zweite Reflexionsinstrument dar. Es soll den Studierenden in einem Einzelgespräch einen Raum bieten, während der Praxisphase ihre schulpraktischen Erfahrungen zu reflektieren. Das Coaching wird von ausgebildeten Fachcoaches des ZfL Köln durchgeführt. Durch angeleitete Coachingmethoden vollziehen die Studierenden einen Perspektivwechsel im Hinblick auf ihre Rolle als Praktikantin oder Praktikant bzw. Rolle als angehende Lehrkraft. Auch belastende Situationen sowie Zeit- und Stressmanagement während des Praktikums können im Coaching thematisiert und reflektiert werden. In der Nachbefragung gaben 44% der Studierenden an, dass das Coaching sehr hilfreich für ihre Selbstreflexion und die Auseinandersetzung mit der Eignungsfrage für den Beruf war, 27% beurteilen es als eher hilfreich (n=116). In der *Nachbereitungsphase* können die Studierenden ein multiperspektivisches 360 Grad Feedback zur Ausprägung ihrer berufsspezifischen Kompetenzen einholen. Sie erhalten dabei Rückmeldungen aus drei verschiedenen Perspektiven: von den Praktikumslehrkräften, von Schülerinnen und Schülern sowie von Peers. Während das Feedback der Schülerinnen und Schüler papierbasiert erfolgt, werden die Fremdeinschätzungen von Lehrkräften und Peers online mit Hilfe des FIT-L (P)-Fragebogens (Schaarschmidt/ Fischer 2015) eingeholt.

> „Das Instrument ist genau für die Praktikumsnachbereitung gedacht. Es soll vor dem Hintergrund der im Praktikum gewonnenen Erfahrungen das nochmals gründlichere Nachdenken über die persönlichen Voraussetzungen für den Lehrerberuf ermög-

---

2 Bezieht sich auf die Anzahl aller Studierenden, die am Projektseminar zwischen dem Wintersemester 2017/18 bis zum Sommersemester 2019 Semester teilgenommen haben. Insgesamt werden pro Semester zwischen 40 und 45 Begleitseminare (EOP) für mehr als 1000 Studierende angeboten.

lichen und Anregungen für weitere Entwicklungsbemühungen geben" (Schaarschmidt/ Kieschke/Fischer 2017, 65f.)

Die Fremdeinschätzungen werden anschließend der eigenen Selbsteinschätzung gegenübergestellt, wodurch ein realistischeres Bild vom eigenen Profil gewonnen wird und mögliche Entwicklungsbedarfe identifiziert werden können (vgl. Boos/Friebe/Fukuta/Krämer/Springob/Wendland2019). Das Feedbacktool ermöglicht eine Selbst- und Fremdeinschätzung von elf berufsbezogenen Kompetenzen wie u.a. dem Durchsetzungsvermögen, der Motivierungsfähigkeit, der Fähigkeit zur Selbstreflexion, aber auch der Belastbarkeit sowie der Fähigkeit, Arbeitsbelastung in Grenzen zu halten. Die bisherigen Evaluationsergebnisse zeigen, dass die beiden letztgenannten Kompetenzen bereits vor dem ersten Schulpraktikum für die Studierenden eine hohe Relevanz für den angestrebten Lehrberuf haben, nach dem Praktikum steigt die Einschätzung der Relevanz sogar noch einmal leicht an. Vor dem Praktikum liegt der Mittelwert für die Relevanz der Belastbarkeit auf einer fünfstufigen Skala von 1=unwichtig bis 5=sehr wichtig bei 4,6 (n=110), nach dem Praktikum bei 4,8 (n=110). Die Fähigkeit, Arbeitsbelastung in Grenzen zu halten, erreicht vor dem Praktikum einen Mittelwert von 4,1 (n=110), nach dem Praktikum 4,2 (n=110). Hierbei handelt es sich auch um die Kompetenzen, welche die Studierenden im Vergleich zu den anderen Kompetenzen bei sich selbst als weniger stark ausgeprägt einschätzen.

3.2 Einschätzung des Feedback-Tools durch die Studierenden

Einen wesentlichen Aspekt der Evaluation stellt auch die Einschätzung des wahrgenommenen Nutzens des Online-Feedbacktools dar. 34% der Studierenden beurteilen den FIT-L(P) als sehr hilfreich für ihre Selbstreflexion und die Auseinandersetzung mit der Eignungsfrage für den Lehrberuf, 41% als eher hilfreich. 81% würden ihn anderen Studierenden weiterempfehlen. Kritik erhält das Tool dahingehend, dass einige Kompetenzen von den Praktikumslehrkräften schwierig einzuschätzen sind. Besonders, wenn es sich auf Kompetenzen (z.B. Facetten des Unterrichtens) bezieht, die ggf. im Praktikum nicht gezeigt werden, da keine Pflicht zum Unterrichten besteht. Weitere Gründe können die relativ kurze Praktikumszeit von fünf Wochen sowie die unterschiedliche Ausgestaltung und Betreuung in den Praktika sein.

Nach Abschluss der Pilotierungsphase wird summativ evaluiert, welchen Beitrag die einzelnen Elemente zur (Eignungs-)Reflexion leisten und welche flächendeckend eingesetzt werden können. Einige erste Überlegungen werden im Folgenden vorgestellt.

4. Ausblick – Transfer der Erkenntnisse in die universitäre Praxisphasenbegleitung

In den Jahren 2019 und 2020 wurde und wird verstärkt an der Weiterentwicklung des Konzeptes zur Begleitung des EOP gearbeitet, um den Aspekt der Eignungsreflexion, neben weiteren konzeptuellen Überlegungen, stärker in den Vordergrund zu rücken. Herausforderungen stellen dabei u.a. die hohe Anzahl von ca. 1200 neuen Studierenden pro Semester sowie die hohe Heterogenität innerhalb der Lehramtsstudiengänge dar. Bezogen auf die pilotierten Instrumente zur Eignungsreflexion lassen sich bereits einige Tendenzen festhalten.

4.1 Implementation der Reflexionstools
Die *Seminarsitzung zu Alternativen zum Lehrberuf* wird von den Studierenden uneindeutig wahrgenommen. Eine sinnvolle Anknüpfungsstelle, neben einem entsprechenden Input in der Begleitung des EOP, kann daher das BFP bieten. Wenn sich Studierende inhaltlich mit weiteren pädagogischen Berufsfeldern auseinandersetzen und sie auch schon im Studienverlauf der Frage des Übergangs in den Masterstudiengang näherkommen, ist die Sensibilität diesbezüglich ggf. bereits erhöht. Hierzu müsste die Sitzung in einigen Seminaren des BFP pilotiert werden, um eine bessere Einschätzung erhalten zu können. Das *60-minütige Speed-Coaching* lässt sich nicht flächendeckend auf alle Studierenden ausweiten. Zum einen lässt sich das Angebot nicht auf die über 1000 Studierenden pro Semester erweitern, zum anderen handelt es sich bei einem Coaching immer um ein freiwilliges Angebot, welches auf ein entsprechendes Anliegen angewiesen ist. Bei Studierenden im ersten Studienjahr liegt diese Bedingung des konkreten Anliegens häufig noch nicht in solchem Maße vor, wie z.B. an anderen relevanten Stellen des Professionalisierungsprozesses, wie

z.B. an Übergängen oder nach dem Praxissemester. Dennoch bietet es sich an, das Wissen über das Angebot des Coachings bereits im ersten Studienjahr zu verbreiten, weshalb es in der Weiterentwicklung des Begleitkonzepts beachtet wird. Das *multiperspektivische 360 Grad Feedback* wird von den Studierenden als überwiegend hilfreich eingeschätzt. Das Online-Tool des FIT-LP kann, da es auch spezifisch unterrichtspraktische Kompetenzen abfragt, die in den Praxisphasen des Bachelors noch nicht zwangsläufig erfahren bzw. erprobt werden, ggf. eine gute Anschlussstelle in der Begleitung des Praxissemesters bieten. Auch hierzu kann es im Rahmen des EOP aber bereits Einsatzmöglichkeiten geben.

4.2 Grundlegende Weiterentwicklung des Begleitkonzeptes

Zur Weiterentwicklung des Begleitkonzeptes sollen nicht bloß einzelne Tools implementiert werden, sondern die Gesamtkonzeption in den Blick genommen werden. Die ersten konzeptionellen Überlegungen werden ab dem Wintersemester 2019/20 in zwei EOP-Seminaren pilotiert. Sie rücken auf der einen Seite die Kernaufgaben des Lehrberufs deutlicher in den Vordergrund, während die interessengeleitete Auseinandersetzung mit dem Berufsfeld gestärkt werden soll. So werden die Inhalte *Unterrichten – Lehren und Lernen, Erziehen, Beurteilen und Beraten* und *Innovieren* (vgl. KMK 2004) durch die Lehrbeauftragten angeleitet. Daneben stehen verschiedene Wahlthemen, u.a. *Inklusion, Bildungsgerechtigkeit, Digitalisierung* oder *Coaching und Beratung*, die je nach Interesse von den Studierenden gewählt werden können. Diese Wahlthemen sind über Materialien und Aufgaben, die durch Expertinnen und Experten in den Themenfeldern entwickelt werden, angeleitet. Die Studierenden betrachten ihr Wahlthema jeweils hinsichtlich der vier Standards. Auf diese Weise soll ein zukunftsfähiges Grundgerüst entstehen, das für die Großthemen eines sich beständig wandelnden Berufsfeldes anschlussfähig bleiben kann. Die Lehrbeauftragten sind innerhalb dieses Konzeptes sowohl Expertinnen bzw. Experten für ihr Berufsfeld als auch Begleitende des Lernprozesses innerhalb des Prozesses der Erarbeitung der Wahlthemen. Hinsichtlich der erwähnten Tools zur Eignungsreflexion des Projektes ErPeL wird das Wahlthema *Coaching und Beratung* erarbeitet, welches u.a. eine Teilnahme an einem Speed-Coaching beinhaltet. Auf diese Weise wird das Angebot für alle Studierenden sichtbarer und wird höchstwahrscheinlich auch durch mehr Studierende wahrgenommen als ohne eine entsprechende Anknüpfungsstelle innerhalb der Begleitung. Bezüglich der flächendeckenden Etablierung bleibt der Spagat zwischen Pflichtelementen und freiwilliger Teilnahme bzw. Auseinandersetzung immer ein bestehender Faktor. Dennoch lässt sich festhalten, dass eine wesentliche Bedingung für jede vertiefte inhaltliche Auseinandersetzung auch das Interesse der Studierenden ist, welchem mit der Weiterentwicklung stärker Rechnung getragen werden soll. Neben den inhaltlichen Anforderungen soll dabei ebenso wenig außer Acht gelassen werden, dass gerade zu Beginn des Studiums die Orientierung im komplexen Studiengang wie auch dem Berufsfeld eine große Herausforderung darstellt. Allerdings ist auch das Berufsbild der Lehrkraft durch ein hohes Maß an Komplexität gekennzeichnet. Die frühe Auseinandersetzung bei gleichzeitigem Handlungsdruck könnte dabei den realistischen Eindruck auch unterstützen. Ausschlaggebend dafür, bereits in frühen Phasen des Studiums keine Überforderungssituationen auszulösen, können inhaltlich wie auch organisatorisch begleitete Praxisphasen sein, in denen sich Studierende mit einer realistischen Einschätzung ihrer Kompetenzen und Studienplanung auseinandersetzen. Interessant wäre die Betrachtung von eignungsreflexiven Elementen im Kontext weiterer Belastungen des Studienalltags, damit empfundene Belastungen einer kritisch-konstruktiven Reflexion nicht zuwiderlaufen.

5. Literatur

Bonsack, Frank/Friebe, Christian/Fukuta, Svenja/Gardenier, Frauke/Sadler, Andreas (2020): Das Portfolio Praxissemester: Phasen- und institutionsübergreifendes Konzept zur Entwicklung einer professionellen, selbstreflexiven Haltung inder Lehrer_innenausbildung. In: Themenheft Professionalisierung durch (Praxis-)Reflexion in der Lehrer*innenbildung? HLZ, 3 (2), 254-278. Verfügbar unter https://www.herausforderung-lehrerinnenbildung.de/index.php/hlz/issue/view/270[31.01.2020]

Boos, Maria/Dziak-Mahler, Myrle/Jaster, Svenja/Springob, Jan (2018): Die Reflexion der Praxisphasen im Lehramt als Schnittstelle zwischen Theorie und Praxis. Verfügbar unter: http://www.ub.uni-koeln.de/cdm/singleitem/collection/edupub/id/350/rec/4 [22.01.2020]

Boos, Maria/Friebe, Christian/Fukuta, Svenja/Krämer, Astrid/Springob, Jan/Wendland, Sandra (2019): Eignungsreflexion in den Praxisphasen des Lehramtsstudiums an der Universität zu Köln. Verfügbar unter:http://www.ub.uni-koeln.de/cdm/singleitem/collection/edupub/id/392/rec/6 [22.01.2020]

Keßler, Catie/Lawan, Kerstin/Metzmacher, Katja (2018): Erlebte Sinnhaftigkeit des Studienprojekts bei Lehramtsstudierenden. Evaluation des Praxissemesters in der Ausbildungsregion Köln. In: Praxisphasen innovativ. Köln: Zentrum für LehrerInnenbildung. Verfügbar unter: http://www.ub.uni-koeln.de/cdm/singleitem/collection/edupub/id/346/rec/5 [22.01.2020]

KMK (2004). Standards für die Lehrerbildung: Bildungswissenschaften. Beschluss der Kultusministerkonferenz vom 16.12.2004. Verfügbar unter: https://www.kmk.org/fileadmin/veroeffentlichungen_beschluesse/2004/2004_12_16-Standards-Lehrerbildung.pdf [28.10.2019]

LABG (2016) Gesetz über die Ausbildung für Lehrämter an öffentlichen Schulen (Lehrerausbildungsgesetz – LABG) in der Fassung vom 14. Juni 2016.

Portfolio Praxisphasen (2018). Köln: Zentrum für LehrerInnenbildung. Verfügbar unter: http://zfl.uni-koeln.de/e-portfolio.html [28.10.2019]

Schaarschmidt, Uwe/Kieschke, Ulf/Fischer, Andreas (2017): Lehrereignung. Voraussetzungen erkennen – Kompetenzen fördern – Bedingungen gestalten. Stuttgart.

Tobias Lewek, Sarah Theusch & Alexander Pfeiffer

Das Außerunterrichtliche Pädagogische Praktikum als Reflexionsmöglichkeit pädagogischer Praxis im Modus des Fallverstehens

Dieser Beitrag beschäftigt sich mit den Herausforderungen der Professionalisierung angehender Lehrkräfte im Rahmen der universitären Lehrerinnen- und Lehrerbildung und nimmt dabei kasuistische Lehrformate als wichtige Elemente hochschuldidaktischer Konzeptionen in den Blick. In diesem Zusammenhang wird das Modul Außerunterrichtliches Pädagogisches Praktikum (AuPP als ein Element der Praxisphasen im Lehramtstudium an der Martin-Luther-Universität Halle-Wittenberg (MLU) vorgestellt. Die mit dem AuPP intendierten Professionalisierungsziele, damit verbundene Potentiale und Schwierigkeiten, werden anschließend diskutiert.

1. Professionalisierung angehender Lehrkräfte als Herausforderung für die Lehrerinnen- und Lehrerbildung

Im Zuge gesellschaftlicher Transformationen (Stichworte: Migration, Inklusion, Digitalisierung, Globalisierung, etc.) sind in den vergangenen Jahren tiefgreifende Veränderungen im Schul- und Bildungssystem zu beobachten, die zukünftige Lehrerinnen und Lehrer vor neue Herausforderungen im anvisierten Berufsfeld stellen. Damit kommt der Professionalisierung angehender Lehrkräfte eine besondere Bedeutung zu. Vor diesem Hintergrund haben sich in jüngerer Zeit vielfältige Veränderungen in der universitären Lehrerinnen- und Lehrerbildung vollzogen, die neben der Umstrukturierung des Lehramtsstudiums (z.B. Umstellung auf Bachelor- und Masterstudiengänge, Programme für Quer- und Seiteneinsteiger) vielerorts neue hochschuldidaktische Konzeptionen sowie eine Erweiterung und Neuausrichtung der Praxisphasen im Lehramtsstudium (z.B. Einführung des Praxissemesters) mit sich brachten. Dabei lassen sich durchaus unterschiedliche Entwicklungen feststellen. Die wesentlichen Referenzpunkte der heutigen Lehrerinnen- und Lehrerbildung werden jedoch zumeist mit Bezug auf die „Standards der Lehrerbildung" bestimmt und entsprechende Kompetenzbereiche und -modelle ausdifferenziert (vgl. KMK 2004; Baumert/Kunter 2006; Kunter/Baumert/Blum/Klusmann/Krauss/ Neubrand 2011).

In diesem Zusammenhang wird häufig betont, dass angehende Lehrerinnen und Lehrer vor allem professionsspezifisches Wissen und Können erlangen müssen, um die Komplexität von Unterricht reduzieren und bewältigen zu können und somit handlungsfähig zu bleiben. Diese vor allem auf die praktische Befähigung angehender Lehrkräfte in ihrer Rolle als Wissensvermittelnde ausgerichteten Konzepte erscheinen sehr plausibel. Sie verweisen jedoch auch auf die Schwierigkeit, einen Kern des Lehrberufs und damit verbundene Anforderungen zu bestimmen. Denn das pädagogische Handeln von Lehrpersonen ist nicht standardisierbar (*Technologiedefizit*, vgl. Luhmann/Schorr 1988), sondern eine anspruchsvolle pädagogische Tätigkeit, die von Spannungen, Antinomien und Ungewissheiten geprägt ist (vgl. Helsper 2016; Paseka/Keller-Schneider/Combe 2018) und auf die (Wieder-)Herstellung der lebenspraktischen Autonomie der Schülerinnen und Schüler bezogen ist. In dieser strukturtheoretischen Perspektive (vgl. Oevermann 1996; Helsper 2011) lässt sich pädagogisches Handeln von Lehrpersonen als paradoxes Interventionshandeln verstehen, das – will man professionell agieren – nicht nur auf die bloße Wissens- und Normvermittlung bezogen sein kann, sondern immer auch die eventuellen (nicht-intendierten) Folgen des pädagogischen Handelns sowie eine Verantwortungsübernahme und -reflexion dazu verfügbar machen muss (vgl. Kramer/Lewek/Schütz 2017). Zur Bewältigung der pädagogischen Anforderungen der beruflichen Praxis benötigen Lehrkräfte also einen *doppelten Habitus* (vgl. Helsper 2001). Einerseits ein praktisches Können zum routinierten Handeln unter den vielfältigen Zwängen der Praxis. Andererseits eine reflexive Distanzierungsfähigkeit, um das eigene Tun auch in Frage stellen und weiterentwickeln zu können. Vor diesem Hintergrund werden in besonderem Maße Fähigkeiten der Situations- und Kontextsensibilität, des Fallverstehens und der Reflexivität in Bezug auf das Handlungsfeld und die (eigene) pädagogische Praxis relevant, die es bereits mit Beginn des Lehramtsstudiums anzubahnen gilt.

2. Kasuistik in den Praxisphasen des Lehramtsstudiums

In den vergangenen Jahren sind an der MLU in dieser Hinsicht einige Bemühungen unternommen worden. Vor allem das Projekt *Kasuistische Lehrerbildung für den inklusiven Unterricht* (KALEI) am Zentrum für Lehrer*innenbildung hat es sich im Rahmen der *Qualitätsoffensive Lehrerbildung* des BMBF zur Aufgabe gemacht, eine breitere Verankerung fallorientierter Lehrformate in der Lehrerinnen- und Lehrerbildung zu fördern, um Studierende von den Anfängen des Studiums bis zum Abschluss immer wieder einzuladen, sich auf der Basis konkreter Fälle u.a. mit der Berufspraxis als Lehrperson, den eigenen Deutungen und den impliziten Handlungs- und Strukturlogiken pädagogischer Tätigkeit auseinanderzusetzen. Kasuistik „in der universitären Lehrer*innenbildung meint die zweckgerichtete, handlungsentlastete und verlangsamte Auseinandersetzung mit einem Fall bzw. mehreren Fällen aus der pädagogischen bzw. schulischen Wirklichkeit" (Schmidt/Becker/Grummt/Haberstroh/Lewek/Pfeiffer 2019, 2). Unter dieser recht weit gefassten Begriffsbestimmung lassen sich seit einigen Jahren vielfältige kasuistische Angebote in den bildungswissenschaftlichen und fachdidaktischen Modulen des Lehramtsstudiums an der MLU verorten, in denen Lehramtsstudierenden ermöglicht wird, reflektierte Fallerfahrungen zu machen, Methoden für die Bearbeitung von Fällen zu erlernen und anzuwenden sowie Fähigkeiten der Fallreflexion auszubilden. Durch die Maßnahmen des KALEI-Projekts wurden kasuistische Arbeitsformen auch im Bereich der Praxisphasen intensiver in hochschuldidaktische Konzepte eingebunden. Die folgende Tabelle verdeutlicht exemplarisch, welche Formen der Falldokumentation und -reflexion in den einzelnen Praxisphasen während des Lehramtsstudiums für Sekundarschulen bzw. Gymnasien an der MLU eingesetzt werden:

Tab. 1: Formen der Falldokumentation und -reflexion in den Praxisphasen
(vgl. Pfeiffer 2019)

Praxisphasen	Falldokumentation	Fallreflexion
Beobachtungs-praktikum (1. Semester)	• teilnehmende Beobachtung zu Schwerpunkten im Fachunterricht • Feldnotizen und Protokolle	• Fallseminar mit Reflexion der Beobachtungen in Kleingruppen • Erstellung eines Portfolios mit Gruppen- und Einzelfallanalysen
Außerunterrichtliches Pädagogisches Praktikum (ab 3. Semester)	• teilnehmende Beobachtung • Feldnotizen, Protokolle, Tagebuch, Transkripte • Interviews	• Forschungsgruppenarbeit mit Fallreflexionen • Abschlusspräsentation mit Fallvergleich • Erstellung einer Fallanalyse
Schulpraktische Übungen (ab 3. Semester)	• teilnehmende Beobachtung zu fachdidaktischen Schwerpunkten • Unterrichtsplanung (Entwurf) • Protokolle und Videographie des studentischen Fachunterrichts	• kollektive Auswertungsgespräche • individuelle Reflexionsgespräche auf Basis der Videos (eigener Fall) • Erstellung eines Portfolios/ Berichts • Einsatz von Videovignetten (fremder Fall)
Schulpraktika 1 & 2 (ab 4./5. Semester)	• Protokolle, Transkripte, Interviews, Videographie des studentischen Fachunterrichts • forschendes Lernen	• Fallanalyse • individuelle Reflexionsgespräche • Reflexionsseminare

Das Außerunterrichtliche Pädagogische Praktikum kennzeichnet dabei eine dieser fallorientierten Praxisphasen und soll im Folgenden näher erläutert werden.

3. Das Außerunterrichtliche Pädagogische Praktikum an der MLU

Die oben aufgeführten, vor allem auf schulische Lern- und Bildungsprozesse, schulpraktische Erprobungen sowie die Reflexion von Unterricht fokussierten Angebote werden durch das Außerunterrichtliche Pädagogisches Praktikum um ein Modul ergänzt, das über das Handlungsfeld Schule hinausweist. Das Modul ist einerseits als praktisches Erprobungsfeld und anderseits als kasuistisches Reflexionsangebot konzipiert. Die Ziele, die mit dem AuPP im Rahmen der kasuistischen Lehrerinnen- und Lehrerbildung angestrebt werden, beziehen sich u.a. auf die Sensibilisierung für verschiedene Aspekte von Heterogenität, die Variabilität pädagogischen Handelns sowie die reflexive Distanzierung zur (eigenen) pädagogischen Praxis durch die teilnehmende Beobachtung und Protokollierung pädagogisch relevanter Situationen und Szenen. Damit verbindet sich die Idee, dass Studierende in der praktischen Tätigkeit Einblicke in unterschiedliche pädagogische Handlungsfelder, -probleme und -logiken erhalten, teilweise auch Irritationen erleben und dies zur Überprüfung subjektiver Theorien sowie zur Auseinandersetzung mit dem eigenen beruflichen Selbstverständnis führt. Im Erleben dieser Irritationen zeigt sich im Rahmen des Moduls häufig auch der Wunsch der Studierenden nach Professionalisierungsangeboten. Ein Impuls, der durch die rekonstruktive Arbeit an Fällen aufgenommen wird und zu einer Erweiterung der Reflexionsfähigkeit führen kann.

Eingeordnet in die vier Idealtypen der Kasuistik, die für die Arbeitsformen an der MLU erarbeitet wurden (siehe Tab. 2), verfolgt das AuPP-Modul den Ansatz der rekonstruktiven Kasuistik, mit dem Fokus des Verstehens und Durchdringens eines Falles hinsichtlich seiner latenten Strukturen. Hier wird deutlich, dass es im Kern um die Anbahnung eines wissenschaftlich-reflexiven Habitus gehen soll, der neben Sozialkompetenz und Teamfähigkeit einen Mehrwert für zukünftige Fallbesprechungen bildet.

Tab. 2: Idealtypen der Kasuistik an der MLU *(vgl. Schmidt et. al. 2019, 3)*

	Subsumtive Kasuistik	Problemlösende Kasuistik	Praxisanalysierende Kasuistik	Rekonstruktive Kasuistik
Ziel und Bearbeitungsmodus	Einordnung des Falls in Bezug auf theoretische Wissensbestände	Lösungsorientierte Analyse eines vorab identifizierten Problems	Analyse des (eigenen) pädagogischen Handelns	Verstehen und Durchdringen des Falls hinsichtlich der latenten Fallstrukturen
Didaktisches Ziel	Illustration von theoretischen Wissensbeständen	Simulation von kollegialen Fallbesprechungen	Handlungsfähigkeit durch auf Praxisbewältigung fokussierte reflexive Haltung	Anbahnung einer reflexiven und forschenden Haltung
Exemplarizität des Falls	Der Fall verweist auf etwas Allgemeines, auf bestehende Wissensbestände.	nur implizit relevant	Verweis auf etwas Allgemeines und wird, sofern hilfreich, zur Theorie relationiert	Verweis auf bestehende theoretische Wissensbestände. Erkenntnisse aus Fallarbeit werden zur Theorie relationiert.
Bearbeitungstiefe	gering	mittel	mittel	hoch

Im Rahmen des über zwei Semester dauernden AuPP-Moduls absolvieren Studierende ab dem 3. Fachsemester ein zweiwöchiges Praktikum in einem selbstgewählten pädagogischen Handlungsfeld der Kinder- und Jugendhilfe. Die Studierenden haben dabei nicht nur die Aufgabe, pädagogisch tätig zu werden, sondern sie erheben in den jeweiligen Praxiseinrichtungen Fallmaterial, um sich diesem im Anschluss über die rekonstruktive Fallanalyse in studentischen Forschungsgruppen zu nähern. Hier können die aufgetretenen Irritationen mit den Mitteln der qualitativen Sozialforschung distanziert betrachtet und untersucht werden.

4. Aufbau und Ablauf des AuPP-Moduls

In einer einführenden Vorlesung werden zunächst inhaltliche und organisatorische Aspekte erläutert. Im Anschluss haben die Studierenden etwa sechs Wochen Zeit, sich hinsichtlich eines selbstgewählten Forschungsinteresses eine geeignete Praktikumsstelle zu suchen. Für die anspruchsvolle Aufgabe der Fallerhebung und -rekonstruktion erhalten die Studierenden in einem Einführungsseminar einen Überblick über Datenerhebungs- und Auswertungsverfahren der qualitativen Sozialforschung sowie weiterführende Literatur- und Recherchehinweise für das Selbststudium. In Vorbereitung auf das Praktikum soll das eigene Erkenntnisinteresse zu ersten Forschungsfragen konkretisiert werden. In der vorlesungsfreien Zeit absolvieren die Studierenden ein mindestens zweiwöchiges Praktikum (80 Stunden), in dem sie selbst pädagogisch handelnd tätig sind, aber ebenso Fälle hinsichtlich ihrer Forschungsinteressen erheben (teilnehmende Beobachtung/ Interviewerhebung). Im darauffolgenden Semester beginnt dann die rekonstruktive Arbeit auf der Grundlage des erhobenen Fallmaterials, wobei dafür sogenannte Forschungsgruppen gebildet werden. Die Zusammensetzung der Forschungsgruppe basiert auf gleichen oder ähnlichen Handlungsfeldern der Praxiseinrichtungen, um das gemeinsame Arbeiten an Fällen sowie deren Vergleichbarkeit zu erleichtern. In regelmäßigen Arbeitstreffen findet sich die Gruppe zusammen und diskutiert – dem Modell der Interpretationswerkstätten folgend – gemeinsam die erhobenen Fälle. Es hat sich gezeigt, dass die Auseinandersetzung mit konkreten Fällen aus der Praxis in einer forschenden Gemeinschaft wichtig ist, um im Sinne der intersubjektiven Nachvollziehbarkeit von Interpretationsansätzen gewisse Gütekriterien zu wahren und unterschiedliche Sichtweisen auf denselben Fall erfahrbar zu machen. Darüber hinaus können die Studierenden durch das fortlaufende Beratungsangebot der Dozierenden, über Literaturhinweise oder gemeinsame Interpretationsworkshops zusätzliche Anregungen erhalten.

Zum Ende des Semesters werden die Ergebnisse der Forschungsgruppenarbeit von den Studierenden zu einem Vortrag verdichtet und in einem Abschlussseminar anderen Modulteilnehmenden vorgestellt. Hieraus ergeben sich oftmals spannende fallvergleichende Perspektiven über die Grenzen der

Handlungsfelder hinaus, die zum Gegenstand der Diskussion im Plenum gemacht werden. Das individuelle Forschungsinteresse der Studierenden, die Aufarbeitung der Irritationen durch die methodengeleitete Fallanalyse sowie eine reflexive Auseinandersetzung hinsichtlich der eigenen Berufsbiografie findet im Rahmen einer schriftlichen Einzelfallanalyse ihren Platz.

Darüber hinaus haben die Studierenden die Möglichkeit, ihre Fälle und Analysen im Fallportal[1] der Martin-Luther-Universität Halle-Wittenberg einzureichen. Hier werden Fälle aus den verschiedenen Praxisphasen gesammelt, für weiterführende Diskussionen zur Verfügung gestellt und somit auch für andere Interessierte nachhaltig nutzbar gemacht. Dabei zeigen sich in den studentischen Arbeiten oftmals sehr spannende und kritische Auseinandersetzungen mit den Dokumenten und Ausdrucksformen pädagogischer Praxis, welche die professionalisierende Wirkung kasuistischer Lehrformate erkennen lassen.

5. Schwierigkeiten und Potentiale einer kasuistischen Ausrichtung von Praxisphasen

Es lässt sich erahnen, dass kasuistische Perspektiverweiterungen im Lehramtsstudium neue Herausforderungen und zuweilen auch Schwierigkeiten mit sich bringen. Diese spiegeln sich häufig im Spannungsfeld von Fragen der Studierenden nach ‚richtiger‘ bzw. gelingender pädagogischer Praxis und einer handlungsdruckentlasteten Reflexion als konstitutives Element einer Kasuistik wider, die sich tendenziell auch „gegen die Praxis stellen, sie hinterfragen können" muss (Oevermann 1996, 101). Die zunehmend an zeitökonomischen Zwängen oder praktischen Nutzbarkeitserwägungen ausgerichteten Orientierungen der Studierenden in Bezug auf das Lehramtsstudium stehen den Prinzipien einer verlangsamten sequenzanalytischen Durchdringung von Fällen dabei nicht selten entgegen, während sich die Potentiale einer kasuistischen Auseinandersetzung mit den eigenen Praxiserfahrungen nur schrittweise er-

---

1   www.uni-halle.de/fallportal-lb.

öffnen. So zeigen die Ergebnisse der fortlaufenden Evaluation des AuPP-Moduls, dass sich nicht alle Studierenden gleichermaßen auf die Forschungsgruppenarbeit und die methodengeleitete Reflexion einlassen. Die in diesem Zusammenhang zuweilen formulierten Wünsche nach rezeptförmigen Handlungsstrategien für die schulpädagogische Praxis und einer direkten Vermittlung von Handlungswissen können im Horizont kasuistischer Arbeitsformen jedoch nur enttäuscht werden. Die damit einhergehende mangelnde Einlassung auf die Arbeit in den Forschungsgruppen und die fehlende Multiperspektivität in der Fallauswertung korrespondiert nicht selten mit einer ausbleibenden Irritation subjektiver Theorien und einer Übertragung von (z.T. stigmatisierenden) pädagogischen Alltagstheorien und mechanischen Kausalitätsvorstellungen auf den Fall, welche die Ermöglichung eines professionalisierenden Reflexions- und (Selbst-)Bildungsprozesses erschweren. Auch wenn dies nur wenige Studierende betrifft, so unterstreicht dies doch die Notwendigkeit einer professionellen Betreuung und Begleitung kasuistischer Lehrformate, um jene subjektiven Theorien, die Studierende über eigene biographischen Erfahrungen gebildet haben, zu diskutieren und in der Relevanz für das eigene spätere Handeln reflexiv verfügbar zu machen. Darüber hinaus ist Kasuistik sehr voraussetzungsreich und kann erfahrungsgemäß nur gelingen, wenn bereits grundlegende Begriffe pädagogischen Handelns (z.B. Rollenhandeln, Interaktion, Sozialisation) erarbeitet wurden. Dies erfordert eine reflektierte Verständigung darüber, wann kasuistische Arbeitsformen im Lehramtsstudium in welcher Form eingesetzt und wie Voraussetzungen für deren gewinnbringenden Einsatz geschaffen werden können. Trotz dieser Schwierigkeiten gehen wir davon aus, dass gerade die erste Phase der Lehrerinnen- und Lehrerbildung an der Universität die Chance der Herausbildung einer kritisch-reflexiven Haltung gegenüber der pädagogischen Praxis zur Professionalisierung nutzen muss. Dabei ist Kasuistik jene besonders geeignete Begegnung und Auseinandersetzung mit der Praxis, die Handlungsdruckentlastetheit erlaubt und Distanzierung, Fallverstehen und Reflexivität unterstützt.

Literatur

Baumert, Jürgen/Kunter, Mareike (2006): Stichwort: Professionelle Kompetenz von Lehrkräften. In: Zeitschrift für Erziehungswissenschaft 9, H. 4, 469–520.

Helsper, Werner (2001): Praxis und Reflexion. Die Notwendigkeit einer „doppelten Professionalisierung" des Lehrers. In: Journal für Lehrerinnen- und Lehrerbildung, H. 3, 7–15.

Helsper, Werner (2011). Lehrerprofessionalität – der strukturtheoretische Ansatz zum Lehrerberuf. In: Terhart, Ewald/Bennewitz, Hedda/ Rothland, Martin (Hrsg.): Handbuch der Forschung zum Lehrerberuf. Münster, 149–170.

Helsper, Werner (2016): Lehrerprofessionalität – der strukturtheoretische Ansatz. In: Rothland, Martin (Hrsg.): Beruf Lehrer/Lehrerin. Ein Studienbuch. Münster/New York, 103–125.

KMK (2004): Standards für die Lehrerbildung: Bildungswissenschaften (Beschluss der Kultusministerkonferenz vom 16.12.2004). Verfügbar unter: https://www.kmk.org/ fileadmin/Dateien/veroeffentlichungen_beschluesse/2004/2004_12_16-Standards-Lehrerbildung-Bildungswissenschaften.pdf [31.10.2019].

Kramer, Rolf-Torsten/Lewek, Tobias/Schütz, Susanne (2017): Kasuistische Lehrerbildung für den inklusiven Unterricht. Ein Projekt der Qualitätsoffensive an der Martin-Luther-Universität Halle-Wittenberg. In: Journal für Lehrerinnen- und Lehrerbildung, 17, H. 3, 44–48.

Kunter, Mareike/Baumert, Jürgen/Blum, Werner/Klusmann, Uta/Krauss, Stefan/Neubrand, Michael (Hrsg.) (2011): Professionelle Kompetenz von Lehrkräften. Ergebnisse des Forschungsprogramms COACTIV. Münster.

Kunze, Katharina (2014): Wenn der Fall zum Vorfall wird. Das Fallnarrativ als Strukturproblem kasuistischer Lehrerinnen- und Lehrerbildung. Beiträge zur Lehrerinnen- und Lehrerbildung 32, H. 1, 47–59.

Luhmann, Niklas/Schorr, Karl Eberhard (1988): Reflexionsprobleme im Erziehungssystem. Frankfurt a. M.

Oevermann, Ulrich (1996): Theoretische Skizze einer revidierten Theorie professionellen Handelns. In: Combe, Arno/Helsper, Werner (Hrsg.): Pädagogische Professionalität. Untersuchungen zum Typus professionalisierten Handelns. Frankfurt a. M., 70–183.

Paseka, Angelika/Keller-Schneider, Manuela/Combe, Arno (Hrsg.) (2018): Ungewissheit als Herausforderung für pädagogisches Handeln. Wiesbaden.

Pfeiffer, Alexander (2019): Videobasierte Reflexion in den Praxisphasen des Lehramtsstudiums. In: Schöning, Anke/ Krämer, Astrid (Hrsg.): Schulpraktische Studien 4.0 – Chancen und Herausforderungen der Digitalisierung bei der Ausgestaltung von Praxisphasen im Lehramtsstudium. Leipzig, 69–79.

Schmidt, Richard/ Becker, Elena/Grummt, Marek/Haberstroh, Max/Lewek, Tobias/Pfeiffer, Alexander (2019): Vorschlag zur Systematisierung kasuistischer Lehr-Lern-Formate in der universitäreren Lehrer*innenbildung. https://blogs.urz.uni-halle.de/fallarchiv2/was-ist-kasuistik/ [31.10.2019].

Anke Redecker

Unsicherheit, Komplexität und Urteilskompetenz. Zur Reflexion von Realsituationen

Um schulpraktische Herausforderungen unter Handlungsdruck bewältigen zu können, bedürfen (angehende) Lehrende einer Urteilsversiertheit, die in den schulpraktische Studien vorbereitenden und begleitenden universitären Lehrveranstaltungen erprobt werden kann. Möglich ist dies durch die handlungsentlastete Beschäftigung mit Fallbeispielen oder Vignetten, um auf der Grundlage dieser Trockenübungen konkrete schulpraktische Erfahrungen gestalten und unter Hinzuziehung der Ergebnisse aus Projekten Forschenden Lernens steuern zu können.

1. Einführung

Schulpraktische Studien eröffnen die wertvolle Möglichkeit, Theorie und Praxis mit einander zu verzahnen und ein Szenario zu bieten, in dem beide voneinander profitieren können. Doch aus dem Studienalltag herausgerissen, können Studierende einen Praxis-Schock erleben, der sie vor Herausforderungen stellt, die nicht allein mit theoretischen Grundlagen zu bewältigen sind. Wie findet man hier den Link zwischen Theorie und Praxis – lernförderlich, professionsorientiert und persönlichkeitsbildend? Und wie können theoretische Grundlagen etwas zu einer Lehrpraxis beitragen, die angehende Lehrpersonen vor immer wieder neue und teils ungeahnte Situationen stellt?

Diesen Fragen soll in Bezug auf die Kontexte von Unsicherheit, Komplexität und Urteilskompetenz nachgegangen werden. Hierbei geht es zunächst um die Schilderung des Faktors Unsicherheit in Lehr-Lern-Situationen, der gerade durch die Komplexität von Urteils- und Entscheidungssituationen unter Handlungsdruck bedingt ist. In einem zweiten Schritt kann dann die universitäre Reflexion von schulischen Realsituationen als eine Möglichkeit geschildert werden, eine entsprechend geforderte Urteilskompetenz zu erlernen und zu erproben, um schließlich – drittens – eine Analogie zwischen diesen universitären Trockenübungen und zukünftigen realen Herausforderungen im Schulkontext herstellen zu können.

2. Übermäßig unter Druck und tiefgreifend unter Hochspannung – Urteilsherausforderungen schulischer Realsituationen

Im Master-Praxissemester der Lehramtsausbildung lässt sich beobachten, wie Studierende die Rollen wechseln. Sie werden von Wissenskonsumierenden zu Praxisgestaltenden. Nun besuchen sie nicht mehr in erster Linie als Rezipierende Vorlesungen und Seminare, sondern schlüpfen selbst in die Rolle der Lehrenden, was oft mit einem ganz neuen Selbstverständnis einhergeht. Dies spiegelt sich in den Begleitseminaren des Praxissemesters vielfältig wider – in der Argumentationsweise und im Auftreten. Die Studierenden *sitzen* nun nicht mehr primär in Theorieveranstaltungen, sondern sie *stehen* für etwas – für eine Gegenwart praktischer Selbsterprobung und eine Zukunft realer Lehrerfahrungen. Lehrende im Begleitseminar der Bildungswissenschaften können jetzt immer wieder von Studierenden hören: *Nun verstehe ich, was ich warum bisher in den Bildungswissenschaften gelernt habe – ich kann es anwenden und in der Praxis hinterfragen.* Aber das ist nicht selbstverständlich, bleibt doch die Theorie fruchtlos, wenn sie nicht immer wieder neu produktiv zu immer wieder anderen Realsituationen ins Verhältnis gesetzt wird. Im Schulalltag des Praxissemesters lernen Studierende, dass es immer wieder Situationen gibt, mit denen sie nicht gerechnet haben und in denen das Theoriewissen nicht einfach angewendet werden kann. Das führt zu Unsicherheit – erst recht in Situationen, die komplex sind, in denen z.B. diverse Aufgabenbereiche und Gruppeninteressen – wie diejenigen der Kolleginnen und Kollegen, der Administrierenden und nicht zuletzt der Lernenden und ihrer Erziehungsberechtigten aufeinander stoßen, sich durchkreuzen und vermischen. In der konkreten Unterrichtssituation stellt sich z.B. die Herausforderung, nicht nur zielführend zu lehren und dabei die Heterogenität der Lernenden zu berücksichtigen, sondern auch Disziplinierungs- und Fürsorgeaufgaben zu meistern. Während z. B. eine 7. Klasse binnendifferenziert unterrichtet wird und dabei die unterschiedlichen Lernfortschritte und bedürfnisse der Ler nenden im Auge zu behalten sind, muss die Lehrkraft gleichzeitig Unterrichts-störungen abfangen, wobei plötzlich eines der Kinder Nasenbluten bekommt und zu versorgen ist. Oft gilt es hier blitzschnell zu entscheiden und zu han-deln und dabei nicht zuletzt auch die Komplexität von Kausalitäten, Motiven und Auswirkungsmöglichkeiten in einem nebulösen Gemisch aus Vermut-barem und Unabsehbarem zu berücksichtigen.

Wie viel Zeit bleibt für die Reflexion? Wann ist eine Handlung nicht nur notwendig, sondern auch dringlich? Oft reicht die Zeit nicht, um sich erst einmal Rat zu holen, bevor die Situation eskaliert. Gefordert ist darum eine Urteilsversiertheit, die sich auf die konkrete Situation einlässt. Immanuel Kant schilderte diese Notwendigkeit anschaulich in seiner *Kritik der Urteilskraft*, indem er die bestimmende von der reflektierenden Urteilskraft unterschied. Hinsichtlich der „Urteilskraft überhaupt" als „Vermögen das Besondere ent-halten unter dem Allgemeinen zu denken" (Kant 1974, 15) differenziert er zwischen der bestimmenden Urteilskraft, mit der das Besondere unter ein ge-gebenes Allgemeines subsumiert werden soll, und der reflektierenden Urteils-kraft, die zu einem gegebenen Besonderen „das Allgemeine finden" (ebd.) soll. Mit bestimmender Urteilskraft können wir einen Fall einem Prinzip unterord-nen. Wir subsumieren und klassifizieren. Habe ich z.B. gelernt, dass ich den Lernfortschritt meiner Schülerinnen und Schüler anregen kann, indem ich ihnen Aufgaben der nächst höheren Schwierigkeitsstufe stelle, so kann ich diese Regel auf den konkreten Fall meiner Unterrichtsplanung anwenden. Doch – so konnten wir von Hilbert Meyer lernen: „Wer zu gründlich plant, irrt nur präziser" (Meyer 2010, 36). Was ist, wenn einzelne Lernende den Schritt in die nächst höhere Anforderungsebene nicht mitgehen? Hier bedarf es eines differenzierten Blicks. Zappelphilipp A und Traumtänzerin B haben einfach nicht aufgepasst, die hochbegabte Schülerin C lässt ein Underachievement vermuten und bringt wenig Konzentration, Motivation und Leistungsbereit-schaft mit, weil sie wahrscheinlich einfach nur unterfordert und gelangweilt ist, und die langsam Lernenden brauchen lediglich noch ein bisschen Zeit zum Üben und Festigen, um dann in einem nächsten – ebenso gemächlich gesetzten – Schritt in den Transfer zu gehen. Mit der bestimmenden Urteils-kraft allein kommen wir hier nicht weiter. Sie ist hilfreich, um anwendbare

Regeln zu nutzen, aber eine schematische Anwendung erscheint nicht zielführend, missachtet sie doch die konkrete Situation mit ihren speziellen Herausforderungen – und nicht zuletzt die Tatsache, dass wir es bei Lernenden – und auch Lehrenden – mit Individuen zu tun haben. Über die bestimmende Urteilskraft hinausdenkend, brauchen wir darum eine reflektierende Urteilskraft, die – um wieder mit Kant zu sprechen – ausgehend von der konkreten Situation reflektierend nach einer Entscheidungs- und Handlungsgrundlage sucht, die sich zu den hier und jetzt gegebenen einmaligen Herausforderungen sinnvoll ins Verhältnis setzen lässt. In diesem Sinne kann die reflektierende Urteilskraft zu einem gegebenen Besonderen „das Allgemeine finden" (Kant 1974, 15).

Wie kann ich vernünftig begründet jetzt und hier handeln, um mein Ziel sinn- und verantwortungsvoll anzustreben? Und wie gewinne ich ein tragfähiges Zusammenspiel von bestimmender und reflektierender Urteilskraft? Denn beide sind wichtig und auf einander angewiesen. Mit der reflektierenden Urteilskraft lässt sich herausfinden: Die durch bestimmende Urteilskraft angewandten Handlungsregeln sind nicht normierend – weil situativ je neu zu hinterfragen –, aber orientierend, indem sie wertvolle Gelingensmöglichkeiten an die Hand geben. Es geht also darum, eine Urteilsflexibilität und -kreativität zu gewinnen, die sich nicht mit schematisch einzusetzendem Wissen zufrieden gibt, sondern die Schemata dynamisiert und situationsrelevant überdenkt, modifiziert oder eventuell auch als unpassend ablehnt. Theorie kann dann nicht nur als handlungsleitend, sondern zugleich handlungsbedingt aufgefasst werden. Denn Praxiserfahrungen sollten nicht nur theoriegeleitet erfolgen. Sie können auch zu Einsichten führen, die theoretische Grundlagen in Frage stellen. Reflexive Lehrerbildung, die bisher weitgehend definitionsschwach und vielschillernd geblieben ist, sollte darum verstärkt auf den Begriff der Urteilskraft setzen (vgl. Redecker 2018a), zeigt sich doch, „dass Reflexion zwar in allen Organisations- und Phasenmodellen der Lehrerinnen- und Lehrerbildung ein zentrales und weithin konsensfähig erscheinendes Konzept darstellt, zugleich aber auch erstaunliche Unschärfen in den Begriffsverwendungen, eine große Diversität der Begründungen und empirischen Zugänge aufweist" (Berndt/Häcker/Leonhard 2017, 11). Eine urteilskraftorientierte Lehrerbildung können Studierende während des Praxissemesters z.B. erleben, wenn sie sich ihren Projekten des Forschenden Lernens widmen (vgl. Redecker 2018b), um den Schulalltag empirisch zu erkunden. Im Rahmen des Forschenden Lernens sollen Studierende „Probleme selbst finden, definieren, strukturieren; Hypothesen formulieren, Antworten suchen, Wissen recherchieren, Untersuchungen planen, durchführen, auswerten; Ergebnisse einordnen, berichten, präsentieren, diskutieren; im ganzen Prozess mit anderen kommunizieren, kooperieren, Rat suchen und geben; Zeit und Arbeit einteilen, Ressourcen ‚managen‘, Entscheidungen treffen, Ambiguität, Frustrationen und Kritik aushalten usw." (Huber 2009, 15). Favorisiert werden sollte beim Forschenden Lernen damit nicht einfach ein beflissentliches Sammeln und aufgehübschtes Auswerten von Messergebnissen, sondern ein pädagogisch relevantes Erfahrungslernen. Dies aber fordert die Abkehr von einer Empiriefixierung, bei der das kritische Denken auf der Strecke bleibt, setzen sich doch „Empirie und Methode [...] immer konsequenter an die Stelle des Denkens. *Nachdenklichkeit*, die zum Wesen des Verstandes und der Vernunft gehört [...,] wird zunehmend entbehrlich. Außerdem fehlt für sie meist die Zeit" (Mittelstraß 1989, 51). Im Rekurs auf die „bildungstheoretischen Implikationen des forschenden Lernens" kann dieses mit Kergel und Hepp „weniger als eine Lerntechnik im Sinne eines Instructional Designs und eher als eine Erkenntnisstrategie Lernender sowie als eine didaktische Bewusstseinshaltung Lehrender" (Kergel/Hepp 2016, 37) angesehen werden, wobei „die partizipativ-emanzipativen Implikationen des forschenden Lernens" (ebd.) hervorgehoben werden.

Normierend ist hier letztlich nicht das konkret erhaltene empirische Forschungsergebnis, das – schon allein aufgrund der engen Begrenztheit des Forschungsprojekts – letztlich nicht repräsentativ sein kann. Zu fragen ist vielmehr: Wie können Studierende forschungsgeleitet ein sinnvolles Verhältnis von Theorie und Praxis ausloten, um Handlungssituationen – gerade unter Komplexitätsdruck – gut zu bewältigen? Das hier relevante Zusammenspiel von bestimmender und reflektierender Urteilskraft verweist darauf, dass Lehrende eines hermeneutischen Blicks auf die konkrete Entscheidungssituation bedürfen, um die je situativen Anforderungen und Möglichkeiten herausfinden, interpretieren und bewerten zu können. Geschult werden kann diese interpretative Herangehensweise beim Forschenden Lernen vor allem in der Auseinandersetzung mit qualitativ-empirischen Methoden, indem z. B. erfahrene Lehrpersonen zu ihrem Umgang mit Handlungsdruck interviewt oder Unterrichtsbeobachtungen konzipiert und ausgewertet werden.

3. Trockenübungen und Testszenarien

Urteilskraft – sagt Immanuel Kant – ist „ein besonderes Talent", das „gar nicht belehrt, sondern nur geübt sein will" (Kant 1971, B 172). Unter Handlungsdruck aber fehlt die Zeit zum Üben – und erst recht die Muße, mit der man auch immer wieder ein Stück weit Abstand von den drängenden Anforderungen des Schulalltags gewinnen sollte: „Um zum Urteilen befähigt und im Urteilen gebildet zu sein, bedarf es der besonderen Orte des Lernens; es braucht Praxisformen, die Menschen zum Urteilen ermutigen und den Raum der Einübung ins Urteilen bereitstellen" (Schoberth 2012, 18). Darum ist es so wichtig, dass das Praxissemester nicht nur universitär vorbereitet, sondern auch begleitet wird. Die Seminargruppe kann den Studierenden einen weitgehend handlungsentlasteten Erprobungsraum bieten, in dem sie sich über Praxiserfahrungen austauschen und das üben können, was in Realkontexten gefordert ist. Es geht darum, sich in eine verantwortliche und sinnvolle Urteilsflexibilität einzuüben, mit der es gelingen kann, auch die unerwarteten, heute noch nicht absehbaren Entscheidungssituationen versiert anzugehen (vgl. Euler 2005, 270).

Dabei können nicht nur eigene Erfahrungen problematisiert, sondern auch Vignetten, Videographien oder Fallbeispiele diskutiert werden (vgl. Pfeiffer 2019). Sinnvoll ist das Präsentieren einer komplexen Entscheidungssituation unter Handlungsdruck, die die Entscheidung der dargestellten handelnden Person zunächst offenhält. Es sollen also keine Entscheidungen präsentiert werden, nicht einmal Entscheidungsmöglichkeiten. Diese sollten die Studierenden selbst finden, abwägen und begründen und damit ganz aktiv ihre Urteilskraft üben. Entscheidende Fragen sind dann: Wie würden Sie hier entscheiden? Was ist dabei zu beachten? Und wie begründen Sie Ihre Entscheidung? Hier ist es wichtig, dass Studierende gerade wegen des real unbestreitbaren Handlungsdrucks ihre – zwar begrenzte, aber letztlich handlungsermöglichende – Freiheit eines kreativen Umgangs mit der eigenen Urteilskraft im handlungsentlasteten Seminarraum auch lustvoll spüren, Möglichkeiten imaginieren und reflexiv durchspielen können. Zudem ist der handlungsentlastete Raum förderlich, um eigene negative Erfahrungen im Umgang mit bisherigen Entscheidungssituationen an der Praxisschule äußern, diskutieren und verarbeiten zu können – und zu erfahren: Unsicherheiten und Enttäuschungen, Fehler und Frustrationen gehören dazu. Wer übt, scheitert auch, stolpert und fällt, steht wieder auf und geht weiter. Im kontinuierlichen Wechsel von Seminar und Schule, Theorie und Praxis, können so Erfahrungen überdacht und Reflexionen umgesetzt, Verbesserungen angesteuert und Rückschläge ausgehalten werden. Im universitären Erprobungsraum lernen angehende Lehrpersonen bildungsrelevant, indem sie nicht einfach etwas dazulernen, sondern ständig umlernen (vgl. Meyer-Drawe 1996, 909). Auf diese Weise kann Lehrebildung zu einer kritischen werden, die sich auch selbst immer wieder auf den Prüfstand stellt. Lernen ist dann nicht einfach ein kumulativer Prozess, sondern ein Weg der Umgestaltung und fortgesetzten Neuorientierung, der Rückschläge und Fortschritte, des Zögerns und Zweifelns, Wünschens und Wagens – mit all den Gefühlen, die damit verbunden sind: Unsicherheit und Zuversicht, Ungeduld und Erwartungsfreude, Missmut und Hoffnung.

Weil das fortgesetzte Umlernen im Wechselspiel von bestimmender und reflektierender Urteilskraft Konzentration und Kraft kostet, ist es sinnvoll, sich übend auf diesen spannend-spannungsreichen, mitreißenden und mühsamen Prozess einzustellen, um schließlich immer schneller und versierter urteilen und sich damit dem zukünftig realen Handlungsdruck zuversichtlich stellen zu können – stets in der Gewissheit, dass wir uns als Urteilssubjekte auch überfordern und überlasten können, wenn wir nicht lernen, Ungewissheitstoleranz zu kultivieren und uns einzugestehen, dass wir vor Irrtümern letztlich nicht gefeit sind (vgl. Schoberth 2012, 13). Es ist weniger verhängnisvoll, die zunächst große Irrtumsgefahr und Fehleranfälligkeit des Übens in einem relativ geschützten Raum und damit in gemeinsam gestalteten und bewerteten Testszenarien seminarintern aushalten, einschätzen und verringern zu können, bevor reale Praxisfehler zu Bloßstellungen und Schäden, wenn nicht gar zur Gefahr für Leib und Leben werden können. Gerade die Auseinandersetzung mit – unter Umständen fiktiven – Fallbeispielen ermöglicht hierzu eine distanzierte Identifikation, die die Studierenden die gezeigte Problematik als eine für sie relevante und bedeutsame erleben lässt, ohne die Rezipierenden zu sehr emotional einzubinden, so dass reflexive Distanz zu einer Handlungssituation möglich wird, die die Studierenden dennoch essenziell betrifft. Durch Trockenübungen lässt sich schließlich auch der Umgang mit Handlungsdruck üben, indem die Reaktions-, Interpretations- und Entscheidungszeiträume verkürzt und dabei die Stressresistenz trainiert werden kann. Dass auch hier Misserfolgserlebnisse nicht im Realkontext durchgestanden werden müssen, sondern ihren Platz im Erprobungsraum finden, kann zugleich einer Demotivation vorbeugen und entgegenwirken, die gleichsam vorprogrammiert ist, wenn wenig erprobte Urteilssubjekte in die Praxis geworfen werden.

4. Vom Erprobungsraum zum problemorientierten Praxistransfer

Nach den Trockenübungen im Seminar kann ein Praxistransfer angestrebt werden, der die Studierenden möglichst resilient und frustrationstolerant erfahren lässt: Komplexe situative Herausforderungen bleiben schwierig und spannend zugleich, aber ich kann mich mit meiner Urteilsflexibilität auf Unvorhergesehenes einstellen, an meinen Herausforderungen wachsen und nicht überwindbare Widrigkeiten aushalten, indem ich die Fälle der universitären Trockenübungen in Analogie zu meinen realen aktuellen Herausforderungen betrachte. Sie sind nicht identisch, aber vergleichbar. Neue Problemsituationen können verwandte Konstellationen zeigen, die nicht mehr komplett unbekannt sind und gleichzeitig die kritische Dynamik fordern, die handlungsentlastet erprobt wurde. Beim Praxistransfer können Studierende nicht zuletzt von guten Beispielen profitieren, z.B. von den Erfahrungen versierter Lehrkräfte, die in Projekten Forschenden Lernens interviewt oder deren Unterricht beobachtet und ausgewertet worden ist. Profitieren können Studierende auch von vorbildlichen Lehrpersonen aus u.U. fiktiven Fallbeispielen, die ihre herausfordernde Situation gemeistert haben. Angesichts der eigenen Praxisherausforderung können sich die Studierenden nun fragen: Wie hätte Lehrperson X aus Fallbeispiel Y in dieser neuen Situation Z gehandelt? Entscheidend ist auch hier, dass das Vorbild nicht lediglich kopiert wird, sondern die angehende Lehrkraft sich kritisch zu ihm ins Verhältnis setzt. Was möchte ich ähnlich machen, was nicht? Und aus welchen Gründen? Inwiefern bin nicht nur ich ein Anderer als die von mir wertgeschätzte Lehrperson? Was macht vielmehr meinen hier ganz speziellen Handlungskontext aus, der mich einzigartig herausfordert? Inwiefern habe ich ein Vorbild erlebt, das mir eine sinn- und verantwortungsvolle Urteilsflexibilität vorgelebt hat, die jenseits von andienender Haltungslabilität, flatterhaftem Aktionismus und wendiger Beliebigkeit auch komplexe Herausforderungen unter Handlungsdruck bewältigt hat? Das angestrebte professionelle Handeln ist hier „ein Handeln, bei dem in Unkenntnis eines sicheren Ausgangs ein Regelwissen kontextsensitiv angewendet wird und wo das Urteilsvermögen eines Professionellen verantwortlich ist für den konkreten Fall" (Strobel-Eisele/Roth 2013, 16). Das aber ist eine Kunst, die selbst bei erfahrenen Lehrkräften nicht grundsätzlich vorausgesetzt werden kann. Umso erforderlicher ist es, dass Lehramtsstudierenden hierfür ein handlungsentlasteter Erprobungsraum geboten wird.

Literatur

Berndt, Constanze/Häcker, Thomas/Leonhard, Tobias: Editorial. In: Dies. (Hrsg.) (2017): Reflexive Lehrerbildung revisited. Traditionen – Zugänge – Perspektiven, Bad Heilbrunn, 9–18.

Euler, Dieter (2005): Forschendes Lernen. In: Spoun, Sascha/Wunderlich, Werner (Hrsg.): Studienziel Persönlichkeit. Beiträge zum Bildungsauftrag der Universität heute. Frankfurt/M., 253–271.

Huber, Ludwig (2009): Warum Forschendes Lernen nötig und möglich ist. In: Huber, Ludwig/Hellmer, Julia/Schneider, Friederike (Hrsg.): Forschendes Lernen im Studium. Bielefeld, 9–35.

Kant, Immanuel (1971): Kritik der reinen Vernunft. Hamburg.

Kant, Immanuel (1974): Kritik der Urteilskraft. Hamburg.

Kergel, David/Hepp, Rolf (2016): Forschendes Lernen zwischen Postmoderne und Globalisierung. In Dies. (Hrsg.): Forschendes Lernen 2.0. Partizipatives Lernen zwischen Globalisierung und medialem Wandel. Wiesbaden, 19–43.

Meyer-Drawe, Käte (1996): Vom anderen lernen. Phänomenologische Betrachtungen in der Pädagogik. In: Borrelli, Michele/Ruhloff, Jörg (Hrsg.): Deutsche Gegenwartspädagogik. Bd. II, Baltmannsweiler, 85–98.

Meyer, Hilbert (2010): Was ist guter Unterricht? Berlin.

Mittelstraß, Jürgen (1989): Der Flug der Eule. Von der Vernunft der Wissenschaft und der Aufgabe der Philosophie. Frankfurt/M.

Pfeiffer, Alexander (2019): Videobasierte Reflexion in den Praxisphasen des Lehramts-studiums. In: Schöning, Anke/Krämer, Astrid (Hrsg.): Schulpraktische Studien 4.0. Chancen und Herausforderungen der Digitalisierung bei der Ausgestaltung und der Begleitung von Praxisphasen im Lehramtsstudium. Leipzig, 69–79.

Redecker, Anke (2018a): Das kritische Selbst. Bildungstheoretische Reflexionen im An-schluss an Hugo Gaudig, Marian Heitger, Käte Meyer-Drawe und Immanuel Kant. Weinheim/Basel.

Redecker, Anke (2018b): Persönlichkeitsbildung per Praxissemester. Zur Profilierung Forschenden Lernens im Fach Bildungswissenschaften. In: Herausforderung Leh-rer_innenbildung – Zeitschrift für Konzeption, Gestaltung und Diskussion (HLZ), 1/2018: Studienprojekte im Praxissemester, 1-16,. Verfügbar unter: www.herausforde-rung-lehrerinnenbildung.de/index.php/hlz/issue/view/19 [30.09.2019].

Schoberth, Ingrid (2012): „In zweifelhaften Fälle entscheide man sich für das Richtige." Urteilen lernen als Herausforderung ethischer Bildung. In: Dies. (Hrsg.): Urteilen lernen – Grundlegung und Kontexte ethischer Urteilsbildung. Göttingen, 9–18.

Strobel-Eisele, Gabriele/Roth, Gabriele (2013): Einleitung: Koordinaten pädagogischer Beziehungen. In Dies. (Hrsg.): Grenzen beim Erziehen. Stuttgart, 9–22.

2. Einblicke in konkrete Ausgestaltungen und Umsetzungen

2.3 Hochschuldidaktische Ansätze und Überlegungen

Katrin Kleemann

Praxis aus Sicht der Verantwortlichen: Was sollen Studierende in Praxisanteilen lernen?

Vorgestellt wird eine Fallstudie zu Praxisanteilen im Lehramtsstudium. Anhand zweier Dozierender wird gezeigt, dass schon an einer einzelnen Universität sehr unterschiedliche Vorstellungen zur Professionalisierung in schulpraktischen Studien die Lehre prägen. Daraus ergeben sich Anschlussfragen für die Gestaltung der universitären Begleitveranstaltungen zu schulpraktischen Anteilen.

1. Einleitung

Studierende schätzen Schulpraktika seit jeher aufgrund ihrer offensichtlichen Nähe zum späteren Berufsfeld – insbesondere, wenn sie sich bei ihren Mentorinnen oder Mentoren ‚Tipps und Tricks‘ abschauen können, um in einem durch Komplexität und Handlungsdruck gekennzeichneten Berufsfeld bestehen zu können (vgl. z.B. Hascher 2012). Diese studentische Erwartungshaltung entspricht jedoch nicht den erwünschten Wirkungen, wie sie unter den Stichworten *Kompetenzentwicklung* und *Professionalisierung* verhandelt werden. In einer Fallstudie wurde untersucht, wie Dozierende eines Fachbereiches einer lehrerbildenden Universität Schulpraxis in ihre Lehre integrieren und welche Ziele sie damit verbinden. Im Folgenden werden nach einer knappen theoretischen Einordnung der Studie deren Fragestellungen, Design und Methodik umrissen, bevor die Ergebnisse – die Falldarstellungen und die Gegenüberstellung der Fälle – präsentiert werden. Dies wird in einem letzten Schritt auf die Frage nach dem Umgang mit Komplexität und Handlungsdruck der zukünftigen Lehrkräfte pointiert bzw. fokussiert.

2. Schulische Praxis im Lehramtsstudium: Konzeptionelle Spannungsfelder

An vielen lehrerbildenden Universitäten in Deutschland wurde in den vergangenen Jahren der Umfang von schulpraktischen Studienanteilen stark erhöht – sei es durch die Verlängerung von schon bestehenden Praktika, die Etablierung neuer Praktikumsformen oder durch ein größeres Angebot von praxisintegrierenden Lehrveranstaltungen. Ihnen wird – nicht nur von Studierenden – eine „Schlüsselstellung bei der Professionalisierung angehender Lehrpersonen" (Reusser/Fraefel 2017, 17) zugeschrieben. Trotz dieser vermeintlichen Bedeutung der Schulpraxis fehlt es weiterhin an einer konsistenten bildungspolitischen Programmatik (vgl. Weyland 2010) und einer lern- oder professionalisierungstheoretischen Legitimation (vgl. Reusser et al. 2017). Auch empirisch lässt sich bisher kein klarer Nutzen der Integration von schulischer Praxis in das Studium belegen (vgl. Hascher 2012). Schulpraktische Studien sind gekennzeichnet durch eine „systemische[…] Zwitterstellung" (Schneider/Wildt 2009, 8): Als curriculare Anteile eines wissenschaftlichen Studiums werden sie am außeruniversitären Lernort *Schule* durchgeführt und zumeist von schulischen Mentorinnen oder Mentoren betreut. In Universität und Schule wird jedoch auf jeweils unterschiedliche, selbstreferentielle Wissensformen zurückgegriffen, die nicht ohne Weiteres wechselseitig anschlussfähig sind (vgl. Schneider et al. 2009; Patry 2014), in schulpraktischen Studien jedoch unmittelbar aufeinander treffen.

3. Forschungsfragen und Design

Es fällt auf, dass neben zahlreichen konzeptionellen Arbeiten, Untersuchungen zu Studierenden in Praktika sowie zur Bedeutung der schulischen Mentorinnen bzw. Mentoren (vgl. z.B. Arnold/Gröschner/Hascher 2014) kaum Forschung existiert zu den *Hochschullehrenden*, die seitens der Universitäten die Gestaltung schulpraktischer Studien begleiten und verantworten und denen damit die Aufgabe obliegt, zwischen Theorie und Praxis zu vermitteln. Um sich dieser Perspektive zu nähern, wurde eine Fallstudie durchgeführt mit zwei

Dozierenden, die beide im gleichen, bildungswissenschaftlichen Fachbereich und in den gleichen Studiengängen einer deutschen lehrerbildenden Hochschule lehren und aufgrund ihrer Funktionen und Ämter Stakeholder für die Lehrerbildung an dieser Hochschule sind. Mithilfe von Experteninterviews sollten folgende Forschungsfragen beantwortet werden:

1. Wie interpretieren die Dozierenden das Verhältnis von Theorie und Praxis im Lehramtsstudium?
2. Welche Funktion schreiben sie den Praxisanteilen für die professionelle Entwicklung der Studierenden zu?

Die Interviews wurden anhand eines groben, teilstrukturierten Leitfadens geführt. Grundlage war zudem eine vorher entwickelte, sehr weit gefasste Arbeitsdefinition von *Praxisanteilen*, welche als Gesprächsanlass am Anfang des Interviews eingeführt wurde: Demnach sind Praxisanteile *Lerngelegenheiten, in denen sich Studierende mittel- oder unmittelbar mit schulischer Praxis auseinandersetzen, die aber eine Anbindung an das Studium haben. Diese können Bestandteile von Praktika, aber auch von Lehrveranstaltungen oder von Abschlussarbeiten sein.* Die Vorlage beinhaltete zudem Beispiele für Praxisanteile an der untersuchten Hochschule. Die transkribierten Interviews wurden zunächst thematisch codiert (vgl. Mayring 2010; Kuckartz 2016), daraufhin in einem hermeneutischen Analyseschritt einzeln exzerpiert und schlussendlich vergleichend gegenübergestellt.

4. Ergebnisse

Im Folgenden werden zunächst beide Fälle vorgestellt, indem jeweils die wesentlichen Aussagen beider Dozierenden zu den Forschungsfragen zusammengefasst und mit charakteristischen Zitaten gekennzeichnet werden. Danach erfolgt eine Gegenüberstellung beider Fälle, die die Äußerungen der beiden Dozierenden auf die Frage, inwieweit schulpraktische Anteile aus Sicht der Dozierenden dazu beitragen, Komplexität und Handlungsdruck im Beruf zu bewältigen, pointiert.

4.1 Fall 1

Für die erste Person ist Professionalität dadurch gekennzeichnet, dass Lehrerinnen und Lehrer ihr eigenes berufliches Handeln in konkreten Situationen systematisch beobachten, reflektieren und Entscheidungen im Beruf basierend auf diesen empirisch gewonnenen Erkenntnissen treffen. Ein solches Vorgehen unterscheide sich wesentlich von intuitivem, alltäglichem Handeln und sei mit der Haltung von Wissenschaftlerinnen und Wissenschaftlern vergleichbar:

> Und Sie sehen an diesen [...] Fragestellungen [...], dass das im Prinzip nichts anderes ist als die Haltung eines wissenschaftlich Tätigen, der eben auch Fragen an die Realität stellt und dann sich Instrumente schafft, um auf diese Fragen eben Antworten zu finden, wobei wir uns eben gerade bewusst machen, dass dieses systematische Suchen und Beantworten etwas anderes ist als das, was wir im Alltag spontan tun würden. (Person 1, Absatz 4)

Praxisanteile im Lehramtsstudium definieren sich für diese Person (im Gegensatz zur theoretischen Beschäftigung mit einem wissenschaftlichen Inhalt) durch die Einzigartigkeit des Zusammenwirkens der sie bestimmenden Faktoren und dadurch, dass sie an konkrete Operationen – Handlungen oder Handlungsentscheidungen – der Studierenden gebunden seien. Daher zählen für diese Person auch Fall- oder Videovignetten zu Praxisanteilen im Studium, wenn sie in Vorlesungen oder Seminaren untersucht und reflektiert werden. Diese systematische, evidenz- bzw. wissenschaftsbasierte Reflexion ist für Person 1 auch in Praxissituationen an den Schulen essentiell, damit die Studierenden „nicht absorbiert werden von der Vielzahl der Anforderungen, die auf sie zukommen, wenn sie eben in diese Praxis hineingestoßen werden" (Person 1, Absatz 44).

4.2 Fall 2

Die zweite Person betrachtet Praxisanteile im Lehramtsstudium als ein mehrdimensionales Konstrukt, bei dem verschiedene Grade und Modi unterschieden werden können. Schulpraktische Anteile seien daher nicht ein Wert an sich. Stattdessen sei es entscheidend für einen funktionalen Einsatz von Schulpraxis, dass sie es ermöglicht, „erstmal eine Distanz zur Praxis [zu] bekommen" (Person 2, Absatz 53), indem sie – beispielsweise mit Mitteln der Verfremdung oder Fokussierung – mit Theorie verknüpft werde.

Für diese Person ist der Begriff der Praxis also unmittelbar mit dem der Theorie verbunden. Vor diesem Hintergrund sieht sie die Einführung eines Praxissemesters am Ende des Studiums als eine „vergebene [...] Chance" (Person 2, Absatz 79), da es hiernach keine Möglichkeit mehr gebe, die Erfahrungen in der Praxis theoretisch aufzuarbeiten. Aus diesem Grund setzt sie in ihrer eigenen Lehre vor dem Praxissemester verschiedene andere Formen der Integration von schulpraktischen Anteilen ein, beipielsweise im Rahmen von Videovignetten in Vorlesungen, Praxisprojekten oder Forschungsseminaren, die sich unmittelbar auf Schulpraxis beziehen können. Dabei stellt diese Person einen deutlichen Unterschied zu Forschungsprojekten im Rahmen des Praxissemesters heraus:

> Das liegt auch daran, dass man sehr unterschiedliche Vorstellungen hat, wie solche Forschungsprojekte angelegt sein müssen, damit sie zur Professionalisierung der Studierenden beitragen. [...] Also wo wir in *unseren* Projekten (Hervorhebung KK), die die Studierenden da haben, fast überwiegend Fallstudien haben oder Fallvergleiche, wo die Studierenden in der Regel eher, na sagen wir mal so, qualitativ arbeiten [...], wohingegen im *Lernforschungsprojekt* [im Praxissemester (Hervorhebung KK)], das am Anfang doch eher ganz stark auf größere Kohorten gezielt hat, auf standardisierte Befragungen. So, und von daher, da sind wir durchaus in einem Konflikt, wo wir sagen: Wo ist eigentlich die größere Bedeutung für die Professionalitätsentwicklung? (Person 2, Absatz 73)

4.3 Gegenüberstellung

Im Vergleich der Ausführungen dieser beiden Dozierenden zeigt sich ein sehr unterschiedliches Verständnis davon, was Praxisanteile im Lehramtsstudium sind und welche Funktionen sie erfüllen sollen. Während beide Dozierende die Entwicklung einer forschenden Grundhaltung als wesentliches Ziel der Theorie-Praxis-Verknüpfung ansehen, verstehen sie darunter jedoch sehr unterschiedliche Dinge: Für die erste Person stellen Praxisanteile *Anwendungsmöglichkeiten* von theoretischen Kenntnissen dar, die auf einer systematischen, evidenzbasierten Situationsanalyse basieren und mit konkreten Handlungen und Entscheidungen der Studierenden verbunden sind. Es geht ihr also darum, *Evidenz über die Praxis zu generieren*, um Entscheidungsprozesse wissenschaftlich zu legitimieren. Für die zweite Person steht demgegenüber im Vordergrund, ein *tiefgehendes Verständnis* der (eigenen und fremden) Schulpraxis zu erreichen, indem durch einen forschenden Blick von außen Distanz zu eben jener Praxis hergestellt wird.

Diesen – sehr unterschiedlich verstandenen – forschenden Blick auf die eigene berufliche Tätigkeit zu entwickeln, ist für beide Dozierende entscheidend, um mit den komplexen Anforderungen der Schulrealität umzugehen. Dabei ist es das Ziel der ersten Person, dass die Studierenden in ihrem zukünftigen Beruf *handlungsfähig* werden, um selbstständig Entscheidungen zu treffen. Erst die systematische, evidenzbasierte Analyse ermöglicht demnach qualitätsvollen Unterricht. Für die zweite Person steht dagegen nicht die unmittelbare Entscheidung in einer konkreten Situation im Zentrum der Professionalisierung, sondern *das permanente Hinterfragen* der eigenen Tätigkeit, um die Komplexität der Praxis wirklich zu verstehen und ihr gerecht werden zu können. Tabelle 1 fasst die Grundaussagen der beiden Dozierenden zusammen.

Tab. 1: Professionalität als Grundlage für den Umgang mit Komplexität und Handlungsdruck

Person 1	Person 2
Professionalität als forschender Blick auf berufliche Tätigkeit	
bedeutet:	
Evidenzbasierung: Diagnostik – Anwendung – Überprüfung – Anpassung	**Infragestellen des eigenen Unterrichts**
mit dem Ziel:	
Entscheidungen treffen, handeln	**tiefergehendes Verständnis der eigenen Tätigkeit gewinnen**

Befragt danach, wie sie als Dozierende herausfindet, inwieweit die gewünschten Effekte bei den Studierenden auch tatsächlich eintreten, gesteht Person 1 ein, dass sie zwar im Rahmen von Lehrveranstaltungsevaluationen etc. die Wissensinhalte und deren Verständnis überprüfen könne, aber in Bezug auf die Langzeitwirkungen keine Aussage treffen könne.

> Wir begleiten sie ja nur bis zu dem Zeitpunkt, wo wir sie dann eben in diese Seminare übergeben. [...] Aber was dann nachher passiert, wenn sie in der Schule sind? Wir haben uns das schon öfters mal gewünscht, dass wir eigentlich mal so ein Follow-up machen müssten. Beispielsweise: Sind die Studierenden tatsächlich besser vorbereitet, nachdem wir hier ja wirklich sehr sorgfältig eben diese Ausbildung auch modifiziert haben? Wir sind davon überzeugt, aber Empirie haben wir dafür leider keine. (Person 1, Absätze 49 - 50)

Person 2 zeigt sich in Bezug auf die tatsächliche Wirksamkeit der schulpraktischen Anteile dagegen skeptisch. Sie bringt diese Skepsis jedoch auch der Wirkung des Studiums insgesamt entgegen, da Professionalisierung für diese Person ein Prozess ist, für den das Studium und auch schulpraktische Anteile nur Aspekte unter anderen sind, etwa Vorprägungen der Studierenden oder Tätigkeiten neben dem Studium.

5. Diskussion

Die Vor- und Gegenüberstellung dieser beiden Positionen im Hinblick auf die Funktion von Praxisanteilen im Lehramtsstudium macht deutlich, wie sehr unterschiedliche – in diesem Fall partikuläre vs. holistische – Zugänge der Dozierenden die Vorstellungen von Professionalisierung im Lehramtsstudium prägen und die Gestaltung sowie die Bedeutung der Lehre insgesamt und der Praxisanteile im Speziellen bestimmen. Zwar verfolgen beide interviewten Dozierenden die Zielstellung, bei den Studierenden eine forschende Grundhaltung zu entwickeln, doch verstehen sie darunter nicht das Gleiche: Während Person 1 an Handlungsfähigkeit in unmittelbaren Situationen orientiert ist, bei der empirisch gewonnene Erkenntnisse auf unmittelbare Praxissituationen übertragen werden, fokussiert Person 2 auf ein ganzheitliches, hermeneutisches Verständnis für schulisches Handeln, bei dem der praktische Nutzen für eine unmittelbare Handlungssituation nicht im Vordergrund steht. Im Interview berichtet Person 2 von negativen Auswirkungen auf die Studierenden aufgrund der gegensätzlichen Lehrmeinungen, die von den verschiedenen Dozierenden an der Universität vertreten werden:

> Das behindert sich manchmal dadurch, dass die Studierenden […] das nicht zusammenbekommen oder dann stärker für die eine oder für die andere Richtung tendieren, und das andere für eher irrelevant [halten]. Und das hängt natürlich damit zusammen, was man halt an der Uni in den Seminaren sagt. […] wenn Studierende aus dem einen Seminar herausnehmen, dass es wichtig ist, halt erstmal Einzelfälle sorgfältig zu rekonstruieren, um überhaupt Verständnis zu generieren. Und andere hören, dass es halt vor allen Dingen um die Evidenzbasierung geht. Und Evidenzbasierung in einer gewissen Art und Weise verstanden wird, über Validität, Reliabilität. […] Das Schwierige ist, dass das […] von den Studierenden dann selbst so angeordnet werden muss. (Person 2, Absätze 75–77)

Es stellt sich somit die Frage, ob es legitim ist, dass diese konträren Positionen innerhalb eines einzigen Studiengangs parallel vertreten werden, oder ob es für eine kohärente Ausbildung im Rahmen schulpraktischer Anteile vonnöten ist, sich wenigstens innerhalb des Fachbereichs auf einen gemeinsam getragenen Professionalitätsbegriff zu einigen. Letztendlich spiegeln jedoch die von Person 1 und Person 2 vertretenen Ansätze zwei Positionen des ebenso kontrovers geführten wissenschaftlichen Diskurses zur Professionalisierung in der Lehrerbildung wider. Gerade indem diese verschiedenen Positionen auch in der konkreten Lehre verhandelt werden, wird der Anspruch schulpraktischer Anteile als Teile eines *wissenschaftlichen Studiums* eingelöst.

Wie aber können diese gegensätzlichen Auffassungen in der Lehre fruchtbar gemacht werden? Aus dem oben wiedergegebenen Zitat von Person 2 wird deutlich, dass die Schwierigkeit für die Studierenden in fehlender Transparenz besteht: Statt mit den Studierenden in der Lehre offen darüber zu kommunizieren und zu reflektieren, dass innerhalb der Forschung in Bezug auf die Lehrerprofessionalisierung (noch) kein übergreifender Konsens gefunden wurde, wird der Eindruck vermittelt, der eigene Ansatz habe einen alleinigen

Geltungsanspruch. Entsprechendes gilt auch für die Selbstreferentialität der Wissensformen: Statt in den Begleitveranstaltungen zu Schulpraktika die Problematik der nur bedingten Übertragbarkeit wissenschaftlicher Erkenntnisse auf schulischen Alltag zu thematisieren, werden wissenschaftliche Forschungsmethoden unmittelbar auf schulische Praxis übertragen – ohne die Spezifik und den Eigenwert der Praxislogik zu berücksichtigen. Aus diesen Überlegungen ergeben sich daher zwei Ansprüche an die praxisbegleitende Lehre:

1. In den Lehrveranstaltungen sollte der wissenschaftliche Diskurs zur Lehrerprofessionalisierung in seiner Pluralität aufgegriffen und mit den Studierenden reflektiert werden.
2. In den Lehrveranstaltungen sollten die nur bedingte Anschlussfähigkeit der Wissensformen in Universität und Schule und die damit verbundenen Grenzen der unmittelbaren Übertragbarkeit von wissenschaftlichen Methoden auf Praxiszusammenhänge thematisiert und Lösungsmöglichkeiten für dieses Dilemma gemeinsam erarbeitet werden.

Erst durch diese Transparenz bei gleichzeitiger Zumutung von Ambivalenz können schulpraktische Studien sowohl dem Anspruch der Wissenschaftlichkeit als auch der Brückenfunktion zwischen Universität und Schule gerecht werden.

Literatur

Arnold, Karl-Heinz/Gröschner, Alexander/Hascher, Tina (Hrsg.) (2014): Schulpraktika in der Lehrerbildung. Theoretische Grundlagen, Konzeptionen, Prozesse und Effekte. Münster u.a.

Hascher, Tina (2012): Lernfeld Praktikum – Evidenzbasierte Entwicklungen in der Lehrer/innenbildung. In: Zeitschrift für Bildungsforschung 2, 109–129.

Kuckartz, Udo (2016): Qualitative Inhaltsanalyse. Methoden, Praxis, Computerunterstützung. 3. Aufl. Weinheim, Basel.

Mayring, Philipp (2010): Qualitative Inhaltsanalyse. Grundlagen und Techniken. 11., aktualisierte und überarb. Aufl. Weinheim u.a.

Patry, Jean-Luc (2014): Theoretische Grundlagen des Theorie-Praxis-Problems in der Lehrer/innenbildung. In: Arnold, Karl-Heinz/Gröschner, Alexander/Hascher, Tina (Hrsg.): Schulpraktika in der Lehrerbildung. Theoretische Grundlagen, Konzeptionen, Prozesse und Effekte. Münster u.a., 29–44.

Reusser, Kurt/Fraefel, Urban (2017): Die Berufspraktischen Studien neu denken. Gestaltungsformen und Tiefenstrukturen. In: Fraefel, Urban/Seel, Andrea (Hrsg.): Konzeptionelle Perspektiven Schulpraktischer Studien. Partnerschaftsmodelle – Praktikumskonzepte - Begleitformate. 1. Aufl. Münster, 11–40.

Schneider, Ralf/Wildt, Johannes (2009): Forschendes Lernen in Praxisstudien – Wechsel eines Leitmotivs. In: Roters, Bianca/Schneider, Ralf/Koch-Priewe, Barbara/Thiele, Jörg/Wildt, Johannes (Hrsg.): Forschendes Lernen im Lehramtsstudium. Hochschuldidaktik, Professionalisierung, Kompetenzentwicklung. Bad Heilbrunn, 8–36.

Weyland, Ulrike (2010): Zur Intentionalität schulpraktischer Studien im Kontext universitärer Lehrerausbildung. Paderborn.

Peter Floß und Carolin Kull

Forschendes Lernen in schulischen Praxisphasen – ein Ansatz zur Erkundung der Komplexität des schulischen Handlungsfelds

Der Beitrag stellt das Forschende Lernen als einen Ansatz vor, der die Erkundung der Komplexität des schulischen Handlungsfelds im Rahmen von Schulpraxisstudien ermöglicht. Im Prozess des Forschenden Lernens können während der Praxisphase spezifische Fragestellungen anhand wechselseitiger Theorie-Praxis-Bezüge bearbeitet werden.

1. Komplexität durch Theorie-Praxis-Bezüge bewältigen

Das Handlungsfeld Schule ist aufgrund politischer, gesellschaftlicher und kultureller Entwicklungen einem stetigen Wandel unterworfen. Mit diesen Veränderungen ergeben sich zugleich Anforderungen an die Akteure, die in diesem Berufsfeld tätig sind: Lehrkräfte müssen auf der Basis der von ihnen im Verlauf ihrer Berufsbiographie erworbenen Kompetenzen immer wieder neue Bereiche in ihre Tätigkeit integrieren und ausgestalten (z.B. Inklusion und Digitalisierung). Erfolgreiches Agieren in dieser dynamischen Komplexität des schulischen Handlungsfelds erfordert von Lehrkräften eine fortlaufende Professionalisierung und Reflexion eigener Überzeugungen und Vorgehensweisen (vgl. Frey 2014; Nieskens 2016; Ophuysen/Behrmann/Bloh/Homt/ Schmidt 2017). Die Studierenden sehen sich während der schulischen Praxisphasen mit dieser Vielschichtigkeit der Schule als System konfrontiert und haben darüber hinaus mit den Zielsetzungen der Schulpraktischen Studien bereits selbst eine komplexe Aufgabe zu bearbeiten: Einerseits sollen sie eigene pädagogische Handlungsmöglichkeiten erproben, andererseits sollen sie die eigene sowie die vorgefundene (Schul-)Praxis erkunden, reflektieren und in theoretische Bezüge einordnen.[1] Damit die Begegnung mit dieser *doppelten Komplexität* von den Studierenden als Lerngelegenheit zur Professionalisierung erfahren werden kann, bedarf es eines Ansatzes, der sowohl subjektive als auch theoretische Zugänge zu einem spezifischen Thema eröffnen kann. Der Ansatz des Forschenden Lernens im Kontext von Schulpraxisphasen ermöglicht es, die Bezugsgrößen Wissenschaft, Praxis und die eigene Person in einen wechselseitigen Bezug zueinander zu setzen (Feyerer/Hirschenhauser/Soukoup-Altrichter 2014).

2. Forschendes Lernen in schulischen Praxisphasen – Definition und Potenzial

Eine allgemein anerkannte Definition des Forschenden Lernens liegt gegenwärtig nicht vor; vielmehr liegen unterschiedliche Konzepte zum Forschenden Lernen vor, die von *Forschung lernen* (vgl. Huber 2013) bis zum *reflexiven Lernen* (vgl. Boelhauve/Frigge/Hilligus/von Olberg 2005) reichen. Der Ansatz des Forschenden Lernens in den Schulpraxisstudien der Bachelor-Phase an der Ruhr-Universität Bochum wird in Anlehnung an Fichten und Meyer als ein didaktisches Konzept definiert, in dessen Rahmen die Lernenden (1) relevante Fragestellungen im Praxisfeld Schule bearbeiten, die Lernenden (2) in wesent-

---

1 In der Lehramtszugangsverordnung (LZV) von Nordrhein-Westfalen (2016) wird bestimmt, dass Studierende im Eignungs- und Orientierungspraktikum unter anderem dazu befähigt werden sollen, „die Komplexität des schulischen Handlungsfelds aus einer professions- und systemorientierten Perspektive zu erkunden und auf die Schule bezogene Praxis- und Lernfelder wahrzunehmen und zu reflektieren" sowie „erste Beziehungen zwischen bildungswissenschaftlichen Theorieansätzen und konkreten pädagogischen Situationen herzustellen" (LZV 2016 §7). Auch für das Praxissemester, dessen schulpraktischer Teil erstmals im WS 2014/15 in der Ausbildungsregion der Ruhr-Universität durchgeführt wurde, wurden in der o. g. LZV Standards festgelegt. So sollen Absolventinnen und Absolventen des Praxissemesters u.a. über die Fähigkeit verfügen, „theoriegeleitete Erkundungen im Handlungsfeld Schule zu planen, durchzuführen und auszuwerten sowie aus Erfahrungen in der Praxis Fragestellungen an Theorien zu entwickeln" (LZV 2016 §8) und diese Erkundungen in Studienprojekten in ihren Fächern und den Bildungswissenschaften dokumentieren.

lichen Phasen des *Forschungsprozesses* (von der Fragestellung über die Datenerhebung bis hin zur Auswertung und Interpretation der Daten) selbstständig
arbeiten, (3) in universitären Veranstaltungen von Lehrenden und Lernenden
Theoriebezüge zum jeweiligen Thema hergestellt werden, vorhandene empirische Erkenntnisse und im Verlauf des Forschenden Lernens erhobene Daten
berücksichtigt werden und die Lernenden (4) die Fähigkeit ausbilden, eine
reflexive Distanz zum Praxisfeld Schule (z.b. Überprüfung von subjektiven
Theorien und Ausgestaltung einer professionellen Entwicklung) herzustellen
(Fichten/Meyer 2014, 21). Im Rahmen des Forschenden Lernens werden folg-
lich Inhalte, Prozesse, Praxisfelder und Akteure berücksichtigt. Im Zentrum
steht dabei die Entwicklung einer Fragestellung, die mit Hilfe wissenschaftlicher Methoden (z.B. Beobachtungsverfahren) bearbeitet werden soll. In diesem Prozess wird eine methodisch abgesicherte Erhebung und Auswertung
von Daten erwartet, zugleich ist aber zu betonen, dass der Ansatz des Forschenden Lernens nicht mit genuiner Forschung gleichzusetzen ist, da die Ansprüche wissenschaftlicher Forschung hinsichtlich ihrer Systematik und Kon-
trollierbarkeit bedeutend höher sind. Die Entwicklung und planmäßige
Bearbeitung einer subjektiv relevanten Fragestellung im Rahmen des Forschenden Lernens kann zwar die Gewinnung von (Forschungs-)Ergebnissen
ermöglichen, das Konzept des Forschenden Lernens in den Schulpraxisstudien an der Ruhr-Universität zielt aber in seinem Schwerpunkt auf den
Lernprozess und die Reflexion der Studierenden. Das mit der Umsetzung des
Forschenden Lernens verbundene Potenzial lässt sich in zweifacher Hinsicht
konkretisieren. Zum einen trägt Forschendes Lernen mit der Herstellung von
Theorie-Praxis-Bezügen dazu bei, dass eine tiefere und problemorientierte
Wissensverarbeitung stattfinden kann, zum anderen ermöglicht Forschendes
Lernen die Entwicklung einer kritisch-reflexiven Grundhaltung. Die vorstruk-
turierte und aus einer fragenden Perspektive angeleitete Praxisbegegnung
kann dazu beitragen, dass subjektive Überzeugungen zum Praxisfeld Schule
und den Akteuren offengelegt und hinterfragt werden und dass unkritische
Nachahmungen fremder Handlungsroutinen vermieden werden können. Die
Ausbildung und Weiterentwicklung einer forschenden Haltung bei den angehenden Lehrkräften ist ein Hauptziel des Forschenden Lernens. Damit ermöglicht der Ansatz des Forschenden Lernens im Kontext von Schulpraxisphasen,

die Bezugsgrößen Wissenschaft (theoretisches Reflexionswissen), Praxis (Handlungswissen) und Person (selbstreflexives Wissen) in einen wechselseitigen Bezug zueinander zu setzen (Weyland 2010) und damit der schulischen „Praxis nicht nur aus der Perspektive des Handelns und Könnens, sondern auch aus einer methodisch abzusichernden Erkenntnishaltung zu begegnen" (Schneider/Wildt 2009, 8). Die daraus potentiell resultierende reflexive Haltung in Bezug auf die Praxis und das Berufsfeld qualifiziert das Forschende Lernen als Teil des Professionalisierungsprozesses von Lehrkräften, deren erfolgreiches Agieren in einem dynamischen Berufsfeld die Reflexion eigener Überzeugungen und Strategien voraussetzt.

3. Konzeption und hochschuldidaktische Umsetzung des Forschenden Lernens in den Schulpraxisstudien der Bachelorphase

In dem Modul Schulpraxisstudien der Bachelorphase werden in der Vorlesung *Schule und Lehrerberuf aus schulpädagogischer Perspektive* und im Seminar *Lehr-Lernprozesse aus schulpädagogischer Perspektive*, das die Praxisphase (Eignungs- und Orientierungspraktikum) vorbereitet und begleitet, die zentralen Handlungsfelder der Lehrerprofession thematisiert[2] und die entsprechenden relevanten bildungswissenschaftlichen Inhalte behandelt. In Verbindung mit den an die Praxisphase geknüpften Kompetenzerwartungen erfordert die Aufgabe der Erkundung der Komplexität des schulischen Handlungsfelds eine strukturierte Herangehensweise, die theoretisch fundiert und zugleich praktisch anwendungsfähig ist. In den Lehrveranstaltungen wird verdeutlicht, dass die Bearbeitung einer subjektiv als relevant eingeschätzten Fragestellung die Reflexion hinsichtlich der berufsspezifischen Aufgaben und Kompetenzen ermöglicht und damit einen Beitrag zur Anbahnung einer forschenden Grund-

---

2 Vgl. hierzu: Ständige Konferenz der Kultusminister der Länder in der Bundesrepublik Deutschland (2019): *Standards für die Lehrerbildung: Bildungswissenschaften* (Beschluss der Kultusministerkonferenz vom 16.12.2004 i. d. F. vom 16.05.2019). https://www.kmk.org/fileadmin/veroeffentlichungen_beschluesse/2004/2004_12_16-Standards-Lehrerbildung-Bildungswissenschaften.pdf (12.09.2019).

haltung leisten kann. Der Zugang des Forschenden Lernens bietet Gelegenheit, den eigenen Professionalisierungsprozess zu initiieren und zu gestalten bis hin zur Entwicklung eines professionellen Berufshabitus im Sinne des *reflective practitioner* (vgl. Schön 1983). Die in den Lehrveranstaltungen des Moduls vermittelten Methoden qualitativer und quantitativer sozial- und bildungswissenschaftlicher Forschung bieten die Grundlage für die Datenerhebung und -auswertung. Theoretische Vorüberlegungen aus den universitären Veranstaltungen sowie Erfahrungen aus der erlebten Schulpraxis bilden den Ausgangspunkt zur Entwicklung eigener Fragestellungen. In Bezug auf die Themenfindung und die Entwicklung der zu bearbeitenden Frage agieren die Studierenden weitgehend selbstständig, weil der Ansatzpunkt das eigene Interesse sein sollte. Dementsprechend sind die Fragestellungen und Projekte sehr vielfältig und breit gefächert. Mit Hilfe von Leitfragen werden die Studierenden angeregt, ihre Überlegungen zu strukturieren und zu einer Fragestellung zu konkretisieren. Erfahrungen zeigen, dass die Ausarbeitung einer untersuchungsfähigen Fragestellung, die die Erkundung des komplexen Handlungsfelds Schule erst ermöglicht, nicht trivial ist. Deshalb werden die Studierenden hierbei in universitären Begleitsitzungen im Verlauf der Praxisphase bei Bedarf beratend unterstützt. Die Darstellung der bearbeiteten Aufgabe zum Forschenden Lernen im Modulportfolio – das Studienprojekt – erfolgt nach einem im Seminar vorgestellten verbindlichen Schema. Zunächst wird die gewählte Fragestellung unter dem Aspekt der subjektiven Relevanz vorgestellt und erläutert, welche Erkenntnisse die Bearbeitung der Frage liefern soll. Anschließend werden die für die Fragestellung bedeutsamen wissenschaftlichen Kenntnisse in einem kurzen Überblick referiert. Danach wird das methodische Vorgehen zur Bearbeitung der Fragestellung dargelegt und begründet, mit welcher Methode die Erhebung und Auswertung der Daten durchgeführt wird. In der Auswertung wird das erhobene Datenmaterial analysiert und es werden Schlussfolgerungen bezüglich der Fragestellung gezogen. In diesem Schritt wird darüber hinaus Stellung dazu genommen, ob bzw. inwiefern das Ergebnis die Sicht sowohl auf den Umgang mit wissenschaftlichen Erkenntnissen als auch auf das Praxisfeld *Schule* (bezogen auf die untersuchte Fragestellung) verändert. In der abschließenden Reflexion werden die Konsequenzen benannt, die sich nach der Bearbeitung der Fragestellung unter dem

Aspekt des *Forschenden Lernens* für die eigene berufsbiographische Entwicklung und das Handeln in pädagogischer Praxis ergeben.

4. Evaluation des Forschenden Lernens in den Schulpraxisstudien der Bachelorphase

Mit schulischen Praxisphasen in der universitären Lehrerbildung sind vielfältige Erwartungshaltungen und Ansprüche verknüpft.[3] Ebenso verhält es sich mit der Einführung des Konzepts des Forschenden Lernens im Rahmen der Hochschulbildung, das auf die Anbahnung einer forschenden Grundhaltung abzielt. Im Gegensatz zu den zahlreichen vorliegenden Konzepten zum Forschenden Lernen gibt es kaum aussagekräftige Befunde zur Lernwirksamkeit des Ansatzes. Das divergierende Verständnis zum Forschenden Lernen und die daraus resultierenden unterschiedlichen Umsetzungsformate an den Universitäten sowie der empirisch schwer zu erfassende Effekt der Entwicklung einer forschenden Grundhaltung erfordern breitangelegte systematische Untersuchungen, die (noch) nicht vorliegen, sodass eine Evidenz der Wirksamkeit des Forschenden Lernens gegenwärtig empirisch kaum abgesichert ist (vgl. Drahmann/Zorn/Rothland/König 2018, 117f.; Weyland 2019, 28). Angesichts dieser Befundlage wurde die regelmäßig durchgeführte Evaluation der Schulpraxisstudien im Bachelorstudium der Ruhr-Universität Bochum um den Ansatz des Forschenden Lernens erweitert. Den äußeren Anlass für diese umfangreichere Evaluation stellte die Weiterentwicklung des Moduls dar, das seit dem Wintersemester 2018/19 eine einführende Vorlesung beinhaltet und mit entsprechend mehr Leistungspunkten ausgestattet ist. Um genauer analysieren zu können, inwieweit das Forschende Lernen einen adäquaten Ansatz zur Herstellung von Theorie-Praxis-Bezügen darstellt und wie dessen Relevanz durch die Studierenden selbst für den eigenen Professionalisierungs- und Bildungsprozess eingeschätzt wird, wurden in der ersten Erhebung 46 Studie-

---

3   Übersichten zu den empirischen Befunden zu den Schulpraxisphasen geben Bach 2013, 106-126; König/Rothland 2018, 12-22; Weyland 2019, 31.

rende aus zwei Lehrveranstaltungen[4] nach der Abgabe ihres Modulportfolios
mit der bearbeiteten Aufgabe zum Forschenden Lernen befragt. In der Erhebung mittels standardisiertem Fragebogen (fünfstufige Skala) wurden die
Studierenden zum Prinzip und zur Bedeutung des Forschenden Lernens für
die Gestaltung des eigenen Bildungsverlaufs, zu ihren berufsbezogenen Überzeugungen, insbesondere zur Bedeutung von Innovation und Theoriebezug
im Lehrerberuf, zu der Bedeutung von Praxisphasen im Lehramtsstudium
sowie zur Relevanz von (Selbst-)Reflexion befragt.

Als Ergebnisse auf deskriptiver Ebene kann für den ersten Erhebungs-
durchlauf festgestellt werden, dass 71% der befragten Studierenden sowohl
den fachdidaktischen und bildungswissenschaftlichen Theorien für den
Lehrerberuf eine hohe Bedeutung beimessen als auch das Forschende Lernen
als hilfreich einschätzen. Die Auseinandersetzung mit einer selbstgewählten
Frage mit Blick auf Schulpraxis und entsprechendem theoretischen Hintergrund für die Gestaltung des eigenen Bildungsprozesses – insbesondere auch
für die Wahl weiterer universitärer Veranstaltungen – wird hier als förderlich
wahrgenommen. Allerdings muss ebenso festgehalten werden, dass die
Akzeptanz und Relevanz des Forschenden Lernens im Kontext von Schulpraktika von den Studierenden eher gemischt gesehen wird: So empfinden
über 35% der befragten Studierenden das Forschende Lernen als hinderlich
für ein vollständiges Eintauchen in Schulpraxis und sehen in diesem keinen
notwendigen Bestandteil des Lehrerberufs, obgleich 85% das Forschende
Lernen als nützliches Instrument zur eigenen Handlungsreflexion verstehen
und es ihnen für ihr Verständnis theoretischer Inhalte hilfreich erscheint.
Wenngleich diesem ersten Ergebnis aufgrund der einmaligen Befragung zur
Selbsteinschätzung einer relativ kleinen Kohorte nur bedingte Aussagekraft
zuzuschreiben ist, lässt sich erkennen, dass das intendierte Potenzial des Forschenden Lernens von Studierenden erfasst wird. Trotz der gegenwärtig noch
fehlenden empirischen Evidenz des Forschenden Lernens zeigt sich aus hoch-

---

4   Von 10 Lehrveranstaltungen im Wintersemester 2018/19, an denen insgesamt 217 Studie-
    rende teilnahmen, wurden für die erste Erhebung (Pilot-Studie) exemplarisch zwei Lehr-
    veranstaltungen und damit 46 Studierende zur Teilnahme an der Befragung ausgewählt.

schuldidaktischer Perspektive, dass der Ansatz den Studierenden eine strukturierte Herstellung von Theorie-Praxis-Bezügen und eine gezielte Erkundung des schulischen Handlungsfelds auf der Basis einer spezifischen Fragestellung ermöglichen kann.

Literatur

Bach, Andreas (2013): Kompetenzentwicklung im Schulpraktikum. Ausmaß und zeitliche Stabilität von Lerneffekten hochschulischer Praxisphasen. Münster, New York.

Boelhauve, Ursula/Frigge, Reinhold/Hilligus, Annegret/von Olberg, Hans-Joachim. (2005): Praxisphasen in der Lehrerausbildung. Empfehlungen und Materialien für die Umsetzung und Weiterentwicklung. In: Seminar – Lehrerbildung und Schule 11, H. 3, 54–73.

Drahmann, Martin/Zorn, Sarah Katharina/Rothland, Martin/König, Johannes (2018): Forschendes Lernen im Praxissemester: Das Studienprojekt als Lernprodukt. In: König, Johannes/Rothland, Martin/Schaper, Niclas (Hrsg.): Learning to Practice, Learning to Reflect? Ergebnisse aus der Längsschnittstudie LtP zur Nutzung und Wirkung des Praxissemesters in der Lehrerbildung. Wiesbaden, 115–134.

Feyerer, Ewald/Hirschenhauser, Katharina/Soukup-Altrichter, Katharina (Hrsg.) (2014): Last oder Lust? Forschung und Lehrer_innenbildung. Münster, New York.

Fichten, Wolfgang/Meyer, Hilbert (2014): Skizze einer Theorie forschenden Lernens in der Lehrer_innenbildung. In: Feyerer, Ewald/Hirschenhauser,Katharina/Soukup-Altrichter, Katharina(Hrsg.): Last oder Lust? Forschung und Lehrer_innenbildung. Münster, New York, 11–42.

Frey, Andreas (2014): Kompetenzmodelle und Standards in der Lehrerbildung und im Lehrerberuf. In: Terhart, Ewald/Bennewitz, Hedda/Rothland, Martin (Hrsg.): Handbuch der Forschung zum Lehrerberuf. 2. Auflage, Münster, New York, 712–744.

Huber, Ludwig (2013): Warum Forschendes Lernen nötig und möglich ist. In: Huber, Ludwig/Hellmer, Julia/Schneider, Friederike (Hrsg.). Forschendes Lernen im Studium. Bielefeld, 9–35.

KMK (Ständige Konferenz der Kultusminister der Länder in der Bundesrepublik Deutschland) (2019): Standards für die Lehrerbildung: Bildungswissenschaften (Beschluss der Kultusministerkonferenz vom 16.12.2004 i. d. F. vom 16.05.2019). Verfügbar unter: https://www.kmk.org/fileadmin/veroeffentlichungen_beschluesse/2004/2004_12_16-Standards-Lehrerbildung-Bildungswissenschaften.pdf [12.09.2019].

König, Johannes/Rothland, Martin (2018): Das Praxissemester in der Lehrerbildung: Stand der Forschung und zentrale Ergebnisse des Projekts Learning to Practice. In: König, Johannes/Rothland, Martin/Schaper, Niclas (Hrsg.): Learning to Practice, Learning to Reflect? Ergebnisse aus der Längsschnittstudie LtP zur Nutzung und Wirkung des Praxissemesters in der Lehrerbildung. Wiesbaden, 1–62.

Lehramtszugangsverordnung (LZV) von Nordrhein-Westfalen (2016). Verfügbar unter: https://recht.nrw.de/lmi/owa/br_vbl_detail_text?anw_nr=6&vd_id=15620&vd_back=N211&sg=1&menu=1 [12.09.2019].

Nieskens, Birgit (2016): Der Arbeitsplatz Schule. In: Rothland, Martin (Hrsg.): Beruf Lehrer/Lehrerin. Ein Sudienbuch. Münster, New York, 33–48.

Ophuysen, Stefanie van/Behrmann, Lars/Bloh, Bea/Homt, Martina/Schmidt, Jennifer (2017): Die universitäre Vorbereitung angehender Lehrkräfte auf Forschendes Lernen im schulischen Berufsalltag. In: Journal for educational research online 9 (2), 276–305.

Schneider, Ralf/Wildt, Johannes (2009): Forschendes Lernen in Praxisstudien – Wechsel eines Leitmotivs. In: Roters, Bianca/Schneider, Ralf/Koch-Priewe, Barbara/Thiele, Jörg/Wildt, Johannes (Hrsg.): Forschendes Lernen im Lehramtsstudium. Hochschuldidaktik, Professionalisierung, Kompetenzentwicklung. Bad Heilbrunn, 8–36.

Schön, Donald A. (1983): The reflective practitioner – how professionals think in action. New York.

Weyland, Ulrike (2010): Zur Intentionalität Schulpraktischer Studien im Kontext universitärer Lehrerausbildung. Paderborn.

Weyland, Ulrike (2019): Forschendes Lernen in Langzeitpraktika. Hintergründe, Chancen und Herausforderungen. In: Degeling, Maria/Franken, Nadine/Freund, Stefan/Greiten, Silvia/Neuhaus, Daniela/Schellenbach-Zell, Judith (Hrsg.): Herausforderung Kohärenz: Praxisphasen in der universitären Lehrerbildung. Bildungswissenschaftliche und fachdidaktische Perspektiven. Bad Heilbrunn, 25–64.

Verzeichnis der Autorinnen und Autoren

Bitai, Gabriela, Dr., Europa-Universität Flensburg

Floß, Peter, Ruhr-Universität Bochum

Fukuta, Svenja, Universität zu Köln

Kleemann, Katrin, Dr., Paula-Fürst-Gemeinschaftsschule Berlin, Freie Universität Berlin (bis 30.6.2019)

Košinár, Julia, Prof. Dr. habil., Pädagogische Hochschule FHNW

Krämer, Astrid, Universität zu Köln

Kull, Carolin, Dr., Ruhr-Universität Bochum

Lewek, Tobias, Martin-Luther-Universität Halle-Wittenberg

Meyer-Wehrmann, Maria, Westfälische Wilhelms-Universität Münster

Pfeiffer, Alexander, Martin-Luther-Universität Halle-Wittenberg

Redecker, Anke, PD Dr., Universität Bonn

Reichert, Maren, Universität Leipzig

Schöning, Anke, Universität Bielefeld

Theusch, Sarah, Martin-Luther-Universität Halle-Wittenberg

Wahbe, Nadia, Universität Bielefeld

Walke, Jutta, Dr., Westfälische Wilhelms-Universität Münster

Wendland, Sandra, Universität zu Köln (bis 31.12.2019)

Winkel, Jens, Dr., Europa-Universität Flensburg